JN182318

野球愛は日韓をつなぐ

日本人が韓国紙に書いた取材コラム

室井昌也

論創社

はじめに

韓国の大手スポーツ紙「スポーツ朝鮮」で2006年3月にスタートし、現在も続いているコラム「室井の近くて遠い韓日野球」(通称「室井コラム」)。その11年間、約500本の連載の中から97本を今回1冊の本にまとめました。

開始当初は日本と韓国の球界の違いを韓国の読者に説明することを主体としたコラムでしたが、途中から筆者が日韓の現場取材の中で見聞きしたことを、筆者目線でお伝えするように変わっていきました。この本では取材成果を記すことを主とした、2008年以降のコラムを中心に掲載しています。また時を同じくして、韓国で活動する日本人選手、コーチと日本でプレーする韓国人選手が増えたことから、彼らを取材した内容が多いのが特徴です。

新聞紙面では筆者自らが記した韓国語で掲載されていますが、この書籍は日本語での出版ということで表現や構成を日本人が理解しやすいように一部加筆、修正、または要約しました。また本書では読者が内容をよりイメージしやすいように、写真を数多く掲載しています。写真はすべて筆者が撮影したものです。

日本人である筆者が自らの韓国語で、韓国の大手紙でコラムを連載し続けることは異例ということで、スポーツ朝鮮からは２０１２年４月に連載３００回を記念して功労賞が授与されました。

日本にはなかなか伝わってこない韓国の球界事情や、世間ではあまり知られていない日韓球界の深いつながり。それらをこの本には多数掲載しました。この本をきっかけに野球を通しての日本と韓国の相互理解がさらに深まれば幸いです。

室井昌也

※本文中の肩書、所属先、年齢などはコラム掲載時のものです。

『野球愛は日韓をつなぐ』　日本人が韓国紙に書いた取材コラム

韓国に渡った日本の野球人 1

日本にやってきた韓国人たち 1

国際大会　対決の裏側

日韓それぞれの球界事情

プレー戦術の背景

韓国に渡った日本の野球人 2

日本にやってきた韓国人たち 2

韓国リーグの男たち

つながる。日本と韓国

本文中のチーム表記

トゥサン ベアーズ	=トゥサン	ハンファ イーグルス	=ハンファ
サムソン ライオンズ	=サムソン	KIA タイガース	=KIA
N C ダイノス	=N C	ロッテ ジャイアンツ	=ロッテ
ネクセン ヒーローズ	=ネクセン	LG ツインズ	=LG
S K ワイバーンズ	=S K	kt ウィズ	=kt

韓国に渡った日本の野球人1

42歳高津の終わらない向上心
2011年6月7日

門倉を開幕7連勝に導いた野手の支え
2010年5月11日

門倉健、初めてのオールスター戦
2010年7月29日

LG入り岡本真也、紆余曲折の野球人生
2010年1月12日

クローザー・岡本真也に欠かせない武器
2010月5月18日

LG・岡本真也、抑え投手の喜び
2010年6月22日

岡本と門倉それぞれの秋
2010年12月2日

門倉、クラブチームでの再出発
2012年4月24日

2009年韓国Sの再現となった、門倉の都市対抗
2012年7月16日

門倉、母校のマウンドで最後の投球
2013年1月8日

元ロッテ・小林亮寛、KBOのマウンド目指す
2012年6月12日

2011年6月7日

42歳高津の終わらない向上心

「韓国でまたやりたいなぁ」。

明るくそう話したのは2008年にヒーローズ（現・ネクセン）に所属し、抑え投手として活躍した高津臣吾（42歳）だ。高津はその年途中の6月に韓国球界入り。チームの不振により登板機会は18試合にとどまったが、1勝0敗8セーブ、防御率0・86という好成績を残した。しかしヒーローズでの再契約には至らず、翌年メジャー復帰を目指して再渡米。そして2010年からは活動の場を台湾に移した。

台湾で高津は40試合に登板し1勝2敗26セーブ、防御率1・88で興農の前期優勝に貢献。戦力面を考えればチーム残留が濃厚だったが、高津は球団から予想外の通達を受けた。「外国人選手を雇うお金がないので、来季は契約できないと言われました。しかも台湾は契約解除になると、引き抜き防止のルールがあって2年間他の球団に移れないんです」。高津は結果を残しながらも台湾を後にした。

日本、アメリカ、韓国、台湾でプレーし通算347セーブを挙げた高津。世界を股に掛けたクローザーは今、日本の独立リーグの1つ、BCリーグの新潟アルビレックスに所属している。

「このリーグのレベルは日本のプロ野球の二軍ぐらいです。上から日本（NPB）、韓国（KBO）、台湾（CPBL）の順。その下に日本の二軍があって、そしてBCリーグです」。

高津は今シーズンBCリーグで12試合に登板し7セーブ。12イニングを投げ、これまで相手に得点を与えていない。BCリーグの実力が日本の二軍クラスとは言え、同リーグに所属するすべての元プロ野球選手が良い成績を残しているわけではない。そんな中で高津はどこに行っても、いくつになっても自分のスタイルを変えずに結果を残している。

「年齢を感じることはよくあります。20代とは言わないまでも30代の肉体がうらやましい。特に下半身が弱くなっています」。

自身の弱みについて隠さず話す高津。しかしそれを克服する術を高津は持っている。「ランニングの量を増やせば、球速が3キロは上がると思います。これから気候が良くなりますから」。

夏場に向け下半身の強化を目指した高津。しかし5月22日の信濃グランセローズ戦で打球が左足に直撃するアクシデントに見舞われた。「強烈に痛かった。でもマウンドを降りるわけにはいかないからそのまま投げました。トレーニングのペースが落ちたのが少し残念です」。高津に立ち止まるという思考はなかった。

2008年ヒーローズ入団当時の高津（写真中央）

6月5日の群馬ダイヤモンドペガサス戦。7対6、新潟が1点リードで迎えた8回、高津はいつものようにベンチを出てブルペンへと向かった。観客たちは変わることのないサイドスローを一目見ようと、フェンスにへばりつきその時を待った。

9回裏、その名がコールされる。「ピッチャー高津」。その言葉は英語、韓国語、中国語と変われど、帽子を目深にかぶりマウンドに歩を進める姿に変化はない。マウンドに上がった高津はクリーンアップからの打線に対し、持ち球のシンカーを低めに丁寧に集めた。そして、変化球を待つ打者の裏をかき、打者の胸元、そしてコーナーいっぱいにストレートを投じる。その球速は韓国での3年前と見劣りしなかった。

「韓国の野球は真剣勝負ができて楽しかった。球団の数が増えるのはいつですか？　それまで現役でいられるかな」。高津の向上心に終わりはない。

…それから…

高津は翌２０１２年、新潟の選手兼監督に就任。同年限りで引退し、韓国球界に復帰することはなかった。その後、野球解説者を経て２０１４年から古巣・東京ヤクルトの投手コーチに就任。２０１５年にセ・リーグ優勝を果たしている。

2010年5月11日

門倉を開幕7連勝に導いた野手の支え

「悔しい‼」

5月9日のサムソン戦に先発し、今季初敗戦を喫した韓国2年目の門倉健（36歳／SK）。試合後、投球内容を淡々と振りかえっていたが、球団バスに乗る直前に思わずこの言葉を叫んだ。開幕から続いていた連勝が7で止まったからだ。

この日の門倉はこれまでの7試合に比べて制球力に欠き、またサムソン打線に早いカウントから積極的に攻略された。門倉は6回0／3を投げて3失点。先発投手としての役割は果たすも、味方打線が上げた得点は初回の1点のみ。門倉を援護することはできなかった。

門倉はこの試合をこう振り返った「自分が投げている時はいつも野手がバックアップしてくれる。きょうは味方が初回に1点取ってくれたのに、その裏にすぐ1点を取られたのがよくなかった」。

今年1月、2010年の目標を「不可能かもしれないけど20勝したい」と話した門倉。20勝するために門倉が最も必要なこととして挙げたのが「チームメイトの協力」だった。「そのために今年はシーズン途中に入団した昨年以上に、みんなとコミュニケーションをとるようにしています」。門倉はベテラン、若手を問わず、時に通訳を介することなく身振り手振りで選手たちと意思疎通を図っていった。

3月27日の開幕戦、門倉は立ち上がりに2点を先制され、2度目の登板の4月3日では味方が先制するもすぐに同点に追いつかれてしまった。しかし門倉が投げる日のSK打線は、門倉が失点したすぐ次の回に得点を挙げ援護していった。さらに外野手のパク・チェサン（27歳）、二塁手のチョン・グンウ（27歳）が野手の間を抜けようかという打球を続けて好捕。門倉を助けた。この2連勝で波に乗った門倉はその後連勝を

門倉は韓国2年目の2010年、開幕から好調で4月は月間MVPを獲得した

7まで伸ばした。

門倉は野手の後押しが続いていることについて「良いリズムで投げているので、野手も気分良く守備や攻撃ができているからだと思う」と話す。門倉のリズムの良さは数字にも表れ、1イニング当たりに与えた走者の数を表すWHIPが昨年の1・54から1・27に減っている。また許したホームランは開幕戦の初回にキム・テワン（ハンファ）に喫した1本のみ。被本塁打率は1・36から0・18に激減した。

また門倉は好調の理由に、バッテリーを組むパク・キョンワン（37歳）の存在が大きいと話す。「彼とはサインのやり取りで会話ができます。昨年は彼が6月にけがをしたのでしばらくバッテリーを組めなかったけど、今年は一緒にできるので嬉しい」。門倉は1歳年上の女房役に全幅の信頼を置いている。

「ここまで投げるたびに勝ち星がついてきたのは、ラッキーな部分と野手の支えが大きかった」。そう開幕7連勝を振り返った門倉。門倉はあと1勝挙げれば昨年挙げた8勝に早々と並ぶ。

門倉健、初めてのオールスター戦

SKの門倉健（37歳）が日本人選手として初めて韓国プロ野球のオールスター戦に出場した。

「プロに入ってからオールスター戦に出るのが目標でした」。門倉のオールスター戦出場は日本時代も含めて今回が初めてだった。

「きょうは思いっきり楽しみます」。門倉はそう言ってロッカールームで他球団の選手たちと笑顔で挨拶を交わした。しかし試合前のイベントが始まりベンチ前に座りだすと、門倉は少し残念そうな様子を見せ始めた。「言葉が通じないとみんなの輪の中に入れないですね」。韓国の選手たちは所属球団を越えて親しく会話を楽しんでいるが、門倉にはそれができない。目の前でケルビン・ヒメネス（トゥサン）とカリーム・ガルシア（ロッテ）の助っ人勢が楽しそうに話しているのを見て門倉はこうこぼした。「岡本（真也／LG）も出られれば良かったのに」。1歳年下の同じ日本人投手のことを思った。

そんな門倉の元に2人の選手がやってきてこう言った。「一緒に写真を撮りましょう」。門倉同様に「アゴ」に特徴があるホン・ソンフン（33歳）とチョ・ソンファン（33歳）だった。2人は門倉を囲み、チームを越えた「アゴ三兄弟」の共演が実現。門倉はフラッシュの放列を浴びた。それはオールスター戦ならではの光景だった。

しばらくするとグラウンドではオールスター戦恒例のホームラン競争がスタート。門倉は豪快なアーチを放つ打者を見て、それぞれの特徴について話し始めた。「今の韓国プロ野球で打つ技術は彼がナンバーワンです」。視線の先のキム・ヒョンス（トゥサン）は10本の柵越えを見せ、見事優勝した。

また、現在97打点で打点部門トップのホン・ソンフンが打席に入ると門倉は、「ものすごく余裕を持って

「アゴ三兄弟」。左からチョ・ソンファン（ロッテ）、門倉、ホン・ソンフン（ロッテ）

打席に入っていて、どんな球にも対処できるバッター。そして元々キャッチャーだから、相手の配球を読むのが得意」と話した。

この日の門倉はイースタンチームの2番手として、2回から1回1／3を投げる予定だったが、先発のキム・グァンヒョン（SK）が打者9人に対し、1アウトしか取れず降板したため、初回からマウンドに上がった。

「きょうはストレートとフォークしか投げません」。そう話した門倉だったが、マウンド上で捕手のカン・ミンホ（ロッテ）と念入りにサインを確認。0対6と点差が開き、球場全体の緊張感が薄れる中、門倉は最初の打者5人を連続で抑え、場内の雰囲気を引き締めた。

試合前に「楽しみたい」と話した言葉通り、門倉はマウンド上で終始笑顔。打者8人に対し被安打1、失点2、自責点1で初めてのオールスターを終えた。「本当に楽しかった。そしてなによりチームも勝ってよかった」と充実した表情を見せた。

前半戦で10勝を挙げたことが評価され、初のオールスター出場を終えた門倉。好成績のご褒美は忘れ得ぬ思い出となった。

LG入り岡本真也、紆余曲折の野球人生

「LGに入団することになりました。よろしくお願いします」。

見知らぬ電話番号からかかって来たその声の主は1月4日にLGと契約を結んだ日本人投手、岡本真也（35歳）だった。「韓国語は全くわかりません。いろいろ教えてください」。その口調には新しい土地への不安と今年もユニフォームを着られることへの安堵が入り混じっていた。岡本のこれまでの野球人生、それは他に類を見ないほど変化に富んでいる。

高校卒業後、大学や社会人チームのセレクションを受けた岡本。しかし有力チームから声が掛かることはなく、唯一、合格したのが佐藤工務店という無名チームだった。歩み始めた社会人の道。しかし20歳の時、佐藤工務店野球部は廃部してしまう。

次にたどり着いたのは阿部企業という小さな警備会社だった。しかしこの会社も1年で辞めることになる。先が見えぬまま野球を続ける岡本だったが、3つ目のチームでようやく光が差し込む。大手流通企業・ヤオハンジャパンに所属した岡本は、都市対抗野球に静岡地区代表として出場を果たしたからだ。チームのエースとして社会人野球の注目選手となった岡本。しかし、ここで岡本に更なる悲劇が襲う。世界各国にビジネス展開していた大企業ヤオハンが倒産してしまったのだ。チームは当然休部となり、岡本はクラブチームで1年を過ごすこととなった。プロ野球選手を目指す岡本に残された時間は年齢的に限られていく。

しかし岡本25歳、5チーム目で社会人野球の名門・ヤマハに入部。2年続けて都市対抗野球に出場しプロからも注目される選手になった。そして2000年秋、ドラフト会議で中日から4位指名を受け入団。26歳の岡本はようやくプロ野球選手となった。

プロに入ってからの岡本は、中継ぎ投手として役割

沖縄県うるま市でのLG春季キャンプでランニングする岡本

を果たし、中日が優勝した2004年には最優秀中継ぎ投手賞を獲得。4年連続50試合以上登板し、チームの欠かせない存在となった。しかし、ここでまたも予想外の事態が起きる。2008年西武から中日にFA移籍した和田一浩の人的補償として岡本が選ばれたからだ。リリーフ陣が不安定だった西武に求められての移籍だが、中日のプロテクト選手名簿28人に岡本が載っていなかったことへの驚きの声が少なくなかった。

岡本は西武に移ってからも中継ぎ投手としてマウンドに上がるも、昨年6月に二軍落ちすると、その後、一軍からは声が掛からず昨年秋、戦力外通告を受けた。

廃部、倒産、人的補償、戦力外。紆余曲折の野球人生を送っている岡本がたどり着いたのは、日本人6人目となる韓国プロ野球の舞台だ。

「1月9日から沖縄で自主トレをして、20日からサイパンキャンプに合流します」。

数々の苦難を乗り越えてきた岡本は、次の輝ける場所を目指し入念な準備を続けている。

2010年5月18日

クローザー・岡本真也に欠かせない武器

ＬＧのクローザー・岡本真也（35歳）は今シーズンここまで14試合に登板、2勝1敗7セーブ、防御率0・56で抑え投手の役割を充分に果たしている。

岡本とバッテリーを組んでいる正捕手のチョ・インソン（34歳）は岡本をこう評価する。「縦の変化球の角度がとても良いです。スピードはないけど制球力があります」。

チョ・インソンが「角度が良い」と話した縦の変化球、それは岡本の得意球、縦方向に落ちるスライダー、いわゆる「縦スラ」だ。岡本にこの球を投げ始めたきっかけを聞くと、答えがすぐに返ってきた。「２００4年です。僕にとって大きな出会いがありました」。その出会いとは、元メジャーリーガーで第1回ワールド・ベースボール・クラシック（ＷＢＣ）日本代表の抑え投手、大塚晶文（38歳）のことだ。大塚は90年代後半、近鉄の抑え投手として活躍。２００４年からメジャーリーグに活動の場を移し、その年パドレスで最多ホールド王を獲得している。一般的に抑え投手には速い直球とフォークボールが必要と言われるが、大塚は日本で抑えを務めていた当時、持ち球にフォークボールはなかった。その代わり大塚が得意としていたのが縦のスライダーだった。岡本はその大塚が中日に1年間在籍していた２００3年に、縦スラを伝授されたという。

「スライダーは普通、ストレートと同じ腕の振りで投げますが縦スラも同じです。ただ、ボールの握りをそれまで投げていたスライダーとちょっと変えて、リリースポイントの瞬間にカーブを投げる時と近い形で、縦方向に押し出すように投げています。握りを変えるといっても、大塚さんの場合、ストレートの握りからちょっと指の位置をずらすだけでどんな握りでもボールがよく落ちていました」。

LGの本拠地チャムシル球場のマウンドで投げる岡本

２００４年シーズン、縦スラを習得した岡本は、中継ぎ投手として63試合に登板。９勝４敗、防御率２・03で中日の優勝に貢献し最優秀中継ぎ賞を獲得した。岡本にとって大塚から得た縦スラは、プロ選手として成功するために欠かせない武器となった。

次に制球力について岡本に聞くと、意外にもこんな答えが返ってきた。「僕はコントロールが良い方ではないです。だいたいのところに投げていますす」。特に４月は、韓国のあまりの寒さに制球が定まらなかったという。「これまでの野球人生で気温１、２度の中で投げたのは初めてでしょうね。ただ最近、コントロールが良くなったとは感じます。自分でも理由はよくわからないです。たぶん、下半身が安定してきたからでしょう」。

岡本の好調を支える縦スラとコントロール。しかし岡本が最も自信があるのはこのどちらでもない。「絶対打たせないという強気のピッチングです」。ピンチになった時、最終的に自分を救ってくれるのは変化球の切れでも制球力でもなく気持ち。それが重要だと岡本は話す。

「元々、長袖よりも半袖が大好きなんですが、やっと半袖で平気な季節になってきました」。これから迎える夏に向け、岡本の気合いの入った二の腕がうなればＬＧの浮上が見えてくる。

2010年6月22日

LG・岡本真也、抑え投手の喜び

「試合に勝った瞬間、マウンドにいられることが凄く嬉しい。そしてナインとハイタッチできることが、セットアッパーとは全然違う喜びです」。

LG・岡本真也（35歳）は抑え投手だからこそ味わえる幸せについてこう話す。日本で主にセットアッパーを任されていた岡本の通算ホールドは92個を数えるが、セーブは日本での9年間でわずか2個。それゆえに勝利の瞬間、マウンドにいられる喜びを誰よりも強く噛みしめている。

岡本はLGの抑え投手として、3、4月と防御率0・00を維持し、幸先のよいスタートを切った。しかし、6月はホームラン2発を喫するなど防御率は6・14。現在の状態を心配する声も少なくない。果たして、今の岡本の状態はどうなのか。

岡本が「最も良くなかった状態」と振り返ったのが6月9日のハンファ戦だ。3対2でLGがリードした9回表、2死三塁の場面でシン・ギョンヒョンの初球、真ん中高めの直球をレフトスタンドに運ばれた。「前の日からひじに痛みを感じたんですが、投げられない程ではなかったので、マウンドに上がりました。しかし、実際試合で投げてみたら、ボールに切れがなくてホームランを打たれてしまいました」。

試合後、ユン・ハクキル投手コーチが岡本に「ボールに切れがないけど大丈夫か？」と尋ね、パク・チョンフン監督は「正直に今の状態を話して欲しい」と言い、岡本はこう答えた。「少し調整させてください」。

岡本は6月11日からのクァンジュでのKIAとの3連戦に帯同せず調整をした。「その間、全くボールは投げないで、ハリ治療と走り込みを多くしました。登録抹消しないで調整するということは投手が1人足りないということ。チームに申し訳ないと思いながら、自宅のテレビで応援していました」。

ゲームを締めて、捕手のチョ・インソンとハイタッチする岡本

復帰した岡本は16、17日のトゥサン戦に登板し、いずれも無失点。19日のロッテ戦では直球に力が戻り、9回にチョ・ソンファン、ホン・ソンフン、イ・デホの強打者3人を抑えた。また、翌20日もホン・ソンフン、イ・デホの3、4番を連続三振に抑え、完全復活を感じさせた。しかし強力ロッテ打線はそこで手を緩めない。2死二塁で5番チョ・ソンファンは岡本が投じた内角低めの直球をうまくさばきレフトスタンドへと叩き込んだ。この日の岡本はマウンド上でどこか落ち着かない様子だったが、何か不安を抱えていたのだろうか。

「ひじは100%治りました。自分の一番の武器である〝打たせるものか〟という気持ちも全く薄れていません」。岡本は心配なことはないと断言する。

LGは22日から今シーズン7戦全敗のSKと対戦する。岡本にとっては5月2日に自身初自責点、初黒星となったサヨナラホームランを喫した相手だ。岡本はこの3連戦でチームメイトとのハイタッチを交わすことができるか。

2010年12月2日

岡本と門倉それぞれの秋

今季は過去初めて、韓国プロ野球に2人の日本人選手が在籍した。その2人はそれぞれ違った秋を過ごしている。

シーズンを不完全燃焼で終えLGを去った岡本真也は、11月19日、東北楽天に入団した。韓国でプレーした日本人助っ人で、日本球界に復帰するのは岡本が初めてだ。10月初旬、岡本はこんなことを話していた。「先のことは何も決まっていません。いつでも投げられるように、練習だけはしています」。

その岡本に転機が訪れた。10月27日、楽天の監督に星野仙一が就任したからだ。岡本にとって、星野はプロに入団した時の監督。その星野監督が見守る中、岡本は11月11、12日に楽天の入団テストを受けた。「形式的なものではなく、実際にどの程度投げられるかどうかのテストでした」。そう話した岡本はこの入団テスト初日、首脳陣の評価を受け、楽天入りが決まった。

岡本は楽天入団について、「仙台は都会。生活するにも韓国の時のように苦労はないでしょう」と話した。LG在籍時、周囲の人間にはいつも笑顔で悩みはないように見せていたが、やはり外国で暮らす中での不便さは少なからずあった。「これから2月のキャンプインまで、しっかり自主トレします」と話す岡本。その声は明るく弾んでいた。

一方、SK・門倉健は昨季、エースのキム・グァンヒョンと共に先発投手陣を牽引。優勝という頂点の座に立ちシーズンを終えた。「オフは体を完全に休めます」。そう話す門倉。しかし、多忙な日々を過ごしている。

家族サービスや中学校での講演会。そして11月28日には門倉健杯少年野球大会を埼玉県八潮市で行った。この大会は今年で3回目。門倉の知人が住む八潮市の小学生、12チームを対象にした大会だ。

　この野球大会の終盤には門倉がマウンドに立ち、小学生や監督、コーチたちと真剣勝負するイベントも用意された。約50人に対し、1人で１５０球以上を投げ続けた門倉。門倉は「オフは休むといいながら、結構投げていますね」と笑った。

少年野球教室を終えて、子供たちに囲まれる門倉

　そして最後に門倉は１００人を超す小学生をマウンド周辺に集めて、キャッチャー目がけて本気のピッチングを見せた。直球だけではなく、カーブ、スライダー、シンカー、フォークとプロの技術を惜しげもなく披露。子供たちは「すげぇ」と驚きの声を連発させた。

　門倉は来シーズンもＳＫでプレーする可能性が高い。しかしまだ契約は結んでおらず、門倉自身も楽観視していない。門倉は閉会式の挨拶をこう締めくくった。

「まだどこでプレーできるかわかりませんが、来年も元気でみんなに会えるように頑張ります」。

　岡本と門倉。それぞれ立場は違うが来シーズンに向けた歩みを始めている。

…それから…

　門倉はこの後、ＳＫから再契約しない旨告げられ、２０１１年はサムソンでプレーした。同年５月に日韓通算１００勝を達成。しかし同年７月にサムソンから放出となった。楽天入りした岡本は２０１１年限りで現役を引退。その後、仙台市の繁華街・国分町で「うどんもつ鍋也 真」をオープンさせた。

2012年4月24日

門倉、クラブチームでの再出発

「またプロのマウンドで投げるために、ユニフォームは脱ぎません」。

2009年から2年間SKでプレーし、昨年移籍したサムソンを7月に放出となった投手・門倉健（38歳）が新たな道を歩き出した。それは引退ではなく現役続行だ。

4月17日、門倉は今シーズンの所属先についてこう話した。「北海道のクラブチーム伊達聖ヶ丘病院に入団しました」。ここで韓国の野球ファンの多くが疑問を持つことだろう。病院の野球チームとはいったい何かと。

日本には高校野球、大学野球の他に、アマチュア野球の組織として実業団のチームによる、社会人野球がある。これまで社会人野球はプロ球界に数多くの名選手を輩出してきたが、近年では不景気の影響でチームを廃部する企業が増えている。その代わりに独立リーグやクラブチームといった形態の野球チームも生まれた。門倉が入団した伊達聖ヶ丘病院野球部もクラブチームのひとつで、全国大会進出を目指す強豪チームだ。このチームは軟式野球部時代から数えて37年の歴史がある。

門倉はなぜそのクラブチームに入団することになったのか。「大学時代の同期で僕とバッテリーを組んでいたキャッチャーの若松（敦治）が去年までこのチームでプレーしていました。その彼が今年引退して監督になったんです。前から〝ウチのチームに来い〟と冗談で言われていたんですが今回入団を決意しました」。

門倉はサムソン退団後、個人トレーニングを続け日本球界復帰を目指していた。今年1、2月には楽天と日本ハムの入団テストを受けたがいずれも不合格。今後について悩んだ結果、クラブチーム入りを決めた。その過程で現役引退も考えたという。「韓国の球団か

クラブチーム・伊達聖ヶ丘病院のナインと言葉を交わす門倉

らコーチにならないかという話もありました。日本のチームのテストに落ちた時に引退も考えましたが、まだ投げられる自信があります」。

門倉がクラブチームに所属する理由、それはまたプロのマウンドに上がるためだ。「まずはチームが都市対抗に出られるように頑張るのが目標です。そしてもしプロから誘いがあった時に、手続き上問題がなければ行ってもいいと言われています」。

伊達聖ヶ丘病院野球部には門倉より6つ年上の44歳の現役投手もいる。「僕もまだまだやれます。負けてられません」。プロ復帰を目指す門倉の挑戦は続く。

2012年7月16日

2009年韓国Sの再現となった、門倉の都市対抗

2009年の韓国シリーズの記憶がよみがえった。7月15日、東京ドームで行われた第83回都市対抗野球で門倉健（38歳／元SK、サムソン）が痛恨の一発を浴びたからだ。

JR北海道に補強選手として加わった門倉は対トヨタ自動車戦の7回裏2対2同点の場面で、3番手投手として登板。2死後にランナーを一人置き、迎えた打者が放った打球は、3年前の韓国シリーズ第7戦でKIAのアン・チホンに運ばれたソロアーチ同様に、左中間のスタンドに突き刺さった。この一打が決勝点となりJR北海道は一回戦で敗退した。

「情けないです。（この大会で）何も残すことができなかった」。

試合後の門倉は反省の言葉を口にした。門倉は4月24日の本コラムでも記したように、北海道のクラブチーム、伊達聖ヶ丘病院野球部に所属している。門倉はそのチームでの都市対抗出場を目指していたがチームは予選で敗れた。しかし都市対抗には「補強選手」という制度がある。地域予選を勝ち抜いた代表チームが、予選を脱落したチームの選手の中から、3人まで補強できるというシステムだ。

門倉は予選で7回コールドの参考記録ではあるが、完全試合を達成。プロ出身ながらクラブチームで必死に取り組む姿に北海道代表のJR北海道からの補強選手の要請を受けた。

「家族がまだプロで投げる姿を見たいと言うんです」。門倉にとって都市対抗はプロ復帰に向け、実力をアピールする意味ある舞台だった。しかし今回、そのチャンスを生かすことはできなかった。

「コンディションは悪くなかった」と試合後に語った門倉。しかし門倉の特徴である低めに制球されるストレートと鋭く落ちるフォークボールをこの日見るこ

補強選手としてJR北海道のユニフォームに袖を通した門倉

とはできなかった。それはあの時と重なる姿だった。

ＳＫとＫＩＡが3勝3敗で迎えた２００9年韓国シリーズ第7戦。総力戦となったその試合で、ＳＫは第5戦に先発した門倉を投入すべく準備をした。ゲーム中盤、ブルペンに移動し投球練習を始めた門倉。しかしその時の門倉にシーズン後半に見せたような球威はなかった。

ＳＫが5対3でリードした6回裏1死一塁の場面で、門倉はマウンドに上がった。門倉はイ・ジョンボムの代打、チャ・イルモクに対しフルカウントから空振り三振を奪う。その際、一塁走者、キム・サンヒョンが盗塁に失敗しＫＩＡの攻撃は終了。危機を脱した。

しかし7回裏、ＫＩＡの先頭打者のアン・チホンは、門倉が投じた1ボール1ストライクでの高めのストレートを逃さなかった。試合の流れがＫＩＡに大きく傾いた一発だった。

「気持ちを切り替えるしかありません」。そう話してグラウンドを後にした門倉。門倉の次の目標は7月27日から行われる、全日本クラブ選手権予選で勝つことだ。

「まだ諦めません」。門倉がプロの先発マウンドに戻る日は訪れるか。

2013年1月8日

門倉、母校のマウンドで最後の投球

SK、サムソンで活躍した門倉健（39歳）が母校のグラウンドで16年間の現役生活にピリオドを打った。

1月6日、門倉は埼玉県の聖望学園高で同校野球部のOB会を兼ねた引退試合に参加。5回を投げて4失点を喫したが先輩・後輩との対戦を楽しんだ。

門倉は高校卒業後、東北福祉大に進学し1995年のドラフト2位で中日に入団した。門倉は聖望学園にとって同校初のプロ野球選手となる。その後、聖望学園は小野公誠（東京ヤクルト二軍バッテリーコーチ）、鳥谷敬（阪神）がプロ入り。門倉の引退試合では門倉の1年後輩の小野がマスクをかぶり、9回2死の場面では打席に立った。小野は最後、豪快な空振り三振に倒れるとマウンドに歩み寄り二人は熱い抱擁を交わした。

試合後に行われた引退セレモニーで参加者全員に胴上げされ、笑顔で「気持ちいい！」と叫んだ門倉。その輪が解けると門倉はマイクを手に挨拶を行った。

「まだ投げられるのではないか、ここで終わっていいのだろうかと悩みました。でもトライアウトから1週間経って、第2の人生を始めることを決めました。実は肩もひじも限界にきていたのでそれも引退を決めた理由です。日韓通算103勝を挙げましたが、プロ生活を振り返ると辛いことの方が多かったです。そんな中、たくさんの仲間に出会えたこと、そして家族のおかげで16年間現役生活を送れました。〝もしかしたらプロに行けるのでは？〟と思った、スタート地点である高校のグラウンドで、たくさんの人が集まる中、選手生活を終われてうれしいです」。

中日、近鉄、横浜、巨人でプレーし、韓国ではSK、サムソンに所属し16年間プレーした門倉。門倉は自身の経験からこんなメッセージも残した。「野球をやる小さい子たちに〝野球は日本だけではない〟というこ

引退セレモニーで高校時代の仲間たちに胴上げされる門倉

とを伝えていきたいです」。

門倉は今年からサムソンの投手インストラクターとして活動する。「サムソンは知っている選手も多いのでやりやすい環境です。インストラクターという立場ですが、去年まで落合英二さんが投手コーチを務めていたので、それを引き継ぐということは相当な覚悟を決めて今まで以上に勉強しなければならないと思っています」。

門倉はプロを目指して汗を流した思い出の地で、これから始まる指導者生活に向けて決意を新たにした。

2012年6月12日

元ロッテ・小林亮寛、KBOのマウンド目指す

今年誕生した韓国初の独立球団・コヤンワンダーズ。このチームは高校、大学で野球をするも、プロから誘いがなかった若者のための受け皿として結成された。しかしメンバーの中には他国でのプロ経験がある3人の外国人選手が所属している。若い選手にチャンスを与えることを目的としたチームに、なぜ外国人選手がいるのか。その理由をキム・ソングン監督（69歳）はこう説明する。「勝てる試合をしないと相手が真剣に勝負してくれない。勝たないと選手も成長しないから、戦力アップのためには外国人選手が必要だ」。

まさに「助っ人」としてチームに加わっているコヤンの外国人選手。その中に日本のプロ野球を経験している選手がいる。小林亮寛（33歳）がその人だ。

小林はこれまで数々のリーグを渡り歩いてきた。1998年に千葉ロッテにピッチャーとして入団したが、一軍での登板機会はなく2002年に戦力外となった。その翌年から3年間は打撃投手として中日に在籍するが、現役復帰を決意した小林は06年、アメリカの独立リーグに渡り、07年に一度帰国し四国アイランドリーグでプレー。2008、09年には台湾プロ野球に在籍し、2年間で19勝15敗という成績を残した。さらに10年から昨年まではメキシコリーグのマウンドにも立った。

そして今年小林は、入団テストを経てコヤンの一員となった。以前から韓国プロ野球に関心があったという小林は「韓国はパワーがあって面白い野球をするという印象がありました。持ち球のシュートで勝負したい」と意気込みを語る。

海外を転々としているというと、「どこでもいいから野球を続けたい」という考えを持っている選手も少なくない。しかし小林はそれを否定する。「どこでやりたいかという、明確な目標がその場その場で必要で

す。今の僕は韓国プロ野球で投げたいです」。

彼の言葉はとても論理的でありながら、様々な環境に対応してきたせいか性格は明るい。「アメリカではビザの関係でカナダのチームにいたんですが、同じような事情でいろんな国の選手がいました。そのチームでは日々クビになる選手がいて、その事実が重くないんです。そこでドミニカやコロンビアから来た選手と、お互いカタコトの英語で話をしていました。それでこんな性格になったのかもしれませんね」。

6ヶ国、7球団目のチーム、コヤンのマウンドに上がる小林

練習中の小林はチームメイトのアメリカ人投手にマッサージをしていた。同僚とはいえライバルのはずだが、お互いが助け合いながら生きてきた小林らしい姿だった。

小林は筆者にKBOの外国人選手の登録期限がいつかと尋ねた。今シーズン途中の韓国プロ野球入りをまだ諦めていないのだ。キム・ソングン監督も「前回6月6日のピッチング内容だったら、一軍でも使える」と評価した。

外国人選手の登録期限は8月15日。「助っ人投手はオレもいる」。小林のアピールはこれからも続く。

…それから…

小林は翌2013年もコヤンでプレー。KBO入りを目指すも果たせず、2014年3月に引退を決意した。現在は福岡市で会員制トレーニングスタジオ「コビーズベースボールワークアウトスタジオ」を開設、運営している。またコヤンワンダーズは2014年秋に解散した。

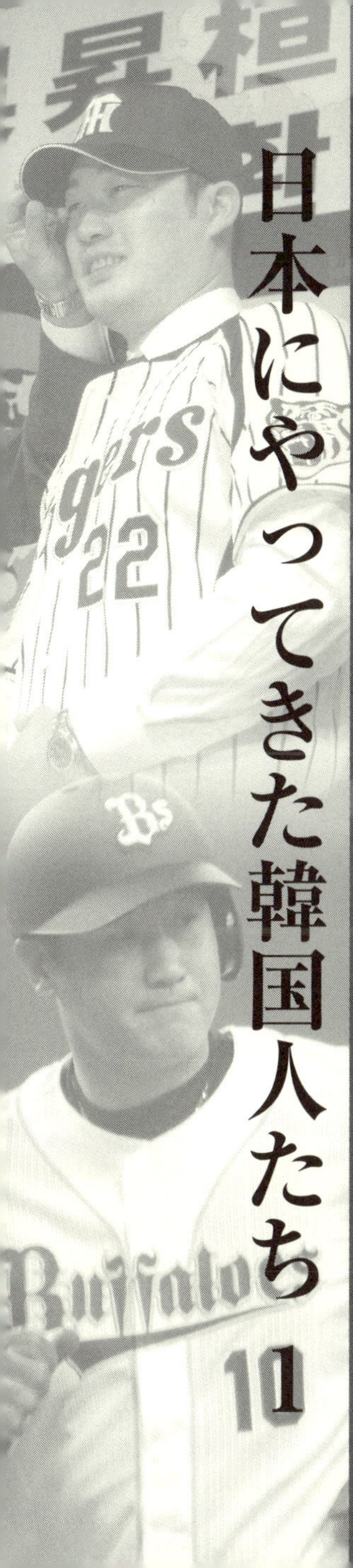

日本にやってきた韓国人たち

2012年5月29日

イ・デホ、いよいよ本領発揮

「オープン戦の時にこの球場に来たんですが、サジク球場とそっくりだと思いました。サジクよりちょっと小さいですよね」。

イ・デホ（29歳／オリックス）が親しみを感じる球場にやって来た。横浜ＤｅＮＡベイスターズの本拠地・横浜スタジアムがその場所だ。１９７８年にオープンした横浜スタジアムは、１９８５年秋に完成したプサンサジク球場を設計する際に大きな影響を与えた野球場と言われている。プサンサジク球場はイ・デホが11年間プレーしたロッテジャイアンツのホームグラウンドだ。

高い外野フェンスに傾斜が急なスタンド。それに対しファールグラウンド近くの内野席が平坦なところもハマスタとサジクは同じ。また、横浜とプサンは共に港町という共通点もある。イ・デホはそんな故郷と同じ臭いがする場所で打棒を振るった。

5月27日のＤｅＮＡとの交流戦。2対1でリードした5回表、2死一塁の場面で、イ・デホはＤｅＮＡのエース・三浦大輔の外角低めのストレート逃さなかった。右中間へと伸びた打球は風にも乗って、フェンスを越える2ランホームランとなった。シーズン9号となったこの一発で、イ・デホはパ・リーグのホームラン王争いでペーニャ（福岡ソフトバンク）と共に1位の座に立った。

交流戦9試合で4本目となる一発。このイ・デホの好調ぶりに、各チームのバッテリーはより警戒を強め、長打を避けるために外角中心の配球をし始めた。韓国の投手たちが苦労したように、イ・デホは打席の中で主導権を握るようになってきた。

この流れについて日本のスポーツ紙のオリックス担当記者はこう話す。「交流戦は通常とは違って、相手チームのデータを直前の4試合くらいしか分析しませ

神宮球場での東京ヤクルトとの交流戦でファンの声援に応えるイ・デホ

ん。イ・デホは5月19日のヤクルト戦でバーネットが投げた内角高めの失投を逃さずにホームランにしたことで、各チームの配球がこれまでとは変わっているように思います」。

しかし5月27日のDeNA・三浦との対決はそうではなかった。イ・デホは「最初と2打席目は内角のボールが多かった」と振り返る。三浦は抜群の制球力と、落差のあるフォークボール、そして内角を突くシュートを持ち球としている。三浦はそれらを駆使しイ・デホとの2打席を三振とセカンドフライに抑えた。しかし3度目の対戦での三浦はイ・デホの前に失点を許し、それまでのような攻めの投球は見られなかった。

この日の球場には、「韓国でイ・デホに苦しめられた」と語る人が訪れていた。昨年、KIAで守備コーチを務めていた高橋雅裕氏（現・野球評論家）だ。高橋氏は「昨年KIAはロッテにだいぶやられました。特にイ・デホが4番にいることが脅威でしたね。イ・デホは日本に来た当初、〝ホームランは狙っていない〟と言っていたようですが、韓国で活躍していた時に比べると、バットが下から出ていました。でも最近はダウンスイングになっています。本来の姿になってきたのでこれからは打ち続けるでしょう」と話した。

韓国ナンバーワンバッターの本領を発揮し始めたイ・デホ。これからさらに自らのペースに引き込むことだろう。

2013年6月25日

イ・デホ、笑顔なき同点弾

6月21日、31回目の誕生日を迎えたイ・デホ（オリックス）に、その2日後の埼玉西武対オリックス（西武ドーム）の試合前、「おめでとう」と伝えた。しかしイ・デホは冴えない表情を浮かべていた。「どうも。でも今は喜べないんです。きのう妻のおばあさんが亡くなったんですよ」。

暗い顔のイ・デホを見て、オリックスの球団関係者はこう話した。「奥さんのおばあさんというと、日本ではそんなに身近な存在には感じないけど、家族思いのイ・デホはまるで肉親のことのように悲しんでいます。今すぐにでも韓国に帰りたいと思っているんじゃないだろうか？」と心配していた。

この日のイ・デホには普段とは異なることが他にもあった。通訳のチョン・チャンヨン氏が高熱で球場に姿を見せなかったのだ。そのため韓国語が堪能なオリックス球団の中村潤編成部副部長が、チョン・チャンヨン氏に代わってイ・デホをフォローした。身内の不幸と慣れ親しんだ通訳の不在。この日のイ・デホにはいつものようなリラックスした様子はなかった。

そんなイ・デホにこの日、嬉しい知らせもあった。オールスターファン投票でパ・リーグ一塁手部門1位に選ばれたからだ。オリックスからはイ・デホの他に、糸井嘉男、平野佳寿、伊藤光が選出。イ・デホは「糸井や平野佳は実績がある選手なので、選ばれても不思議ではないが、（今季、正捕手の座を手にした）伊藤には本当におめでとうと言いたい」と自分のことのように喜んだ。そしてイ・デホに取材陣が「オールスター戦ではホームランを期待しています」と言うと、イ・デホは「僕も期待しています」と答えて笑わせた。

イ・デホは常に自らを「ホームランバッターではない」と話す。その一方で、「今の日本プロ野球を盛り上げるには、細かい野球もいいけどホームランでファンが熱狂する試合が必要」と一発の重要性も口にする。オールスター戦はまさに一発が必要な場だと考えてのイ・デホの言葉だった。

悲しみと喜びが入り混じる中、試合を迎えたイ・デホはこの日、大きな仕事をする。6対7で1点を追う9回表オリックスの攻撃。あとアウト1つでゲームセットとなる2死ランナーなしの場面で、4番イ・デホは劇的な同点弾を放った。ゆっくりとベースを一周したイ・デホはホームベースを踏む時に、ユニフォームの左袖を触り故人への冥福を祈った。

試合後、「すぐにでも韓国に帰らなければならないのに、家族に申し訳ない気持ちです」と話したイ・デホ。イ・デホにとってこの日の一発はいつもとは違い、弔いのために必要なアーチだった。

打って、走って。前半戦のイ・デホを振り返る

日本プロ野球は韓国同様に、今週からオールスターブレイクに入る。そこでオールスターを前に、7月14日現在、79試合を終えたイ・デホ（オリックス）の今シーズンを振り返る。

昨年のイ・デホはシーズン序盤、体調が万全ではなくスタートは良くなかった。しかし今年は4月に打率3割8分1厘、21打点、4本塁打を記録するなど好調な出足を見せた。

昨季は試合前に、本屋敷トレーニング兼コンディショニングコーチと手首の強化を図るのが日課だったイ・デホ。しかし本屋敷コーチは「最近のイ・デホの手首は心配ない」と話す。だが長いペナントレースを送る中、疲労の蓄積は避けることができない。イ・デホ本人も「きょうは体が重い」と口にする時があり、横から見ていてもそれを感じることがある。しかしイ・デホには、体調が万全ではなくても打撃感を維持できるだけの技術がある。

イ・デホは試合前、ヒッティングポイントが定まらない時には、左手だけでティー打撃を行い、バットのヘッドを意識する時はバットにリングをつけて練習する。コンディションに合わせた調整は、「練習を繰り返していいバッティングフォームを体に覚えさせるために必要」とイ・デホは話す。

昨季はイ・デホがひとりで打線を引っ張っていたオリックス。しかし今年は多少異なる。糸井嘉男が加わり、アーロム・バルディリスが好成績を残すことでイ・デホの前に得点機会が訪れている。オリックスは一時期、12球団で唯一、クリーンアップトリオ全員が3割以上の打率を残していた。ここ最近はバルディリスが低調ではあるが、イ・デホは好調を維持。オリックスの得点圏打率はパ・リーグ2位の3割7分9厘を残している。イ・デホは「糸井とバルディリスがいる

おかげでピッチャーが勝負してくれるようになった」と二人の効果を口にした。

精神面でもイ・デホは昨年より余裕がある。チームメイトや球団関係者と冗談を交わし、他球団の選手が、イ・デホに挨拶をしに来て談笑する光景もしばしば見られた。

イ・デホは7月14日現在、打率3割1分6厘（リーグ6位）、15本塁打（7位）、51打点（7位）をマーク。あとは勝率5割の壁を越えらずにいるチームの浮上がイ・デホの願いだ。

この前半戦ではイ・デホがチームのために珍しい姿を見せたこともあった。7月5日の日本ハム戦、1対1で迎えた5回表、四球で出塁したイ・デホは左腕の吉川光夫のモーションを盗みスタートを切ったのだ。誰もが想像もしなかったイ・デホの盗塁狙い。この場面、打席の伊藤光がセンター前ヒットを放ち結果としてラン＆ヒットの形になったが、イ・デホは「（伊藤が）打たなかったら、完全にセーフのタイミングでした。まさか誰も走ると思ってなかったでしょ？」と笑みを浮かべた。このイ・デホの走塁はベンチからのサインではなく、イ・デホ自らの判断だったという。

この回のオリックスは、イ・デホがホームを踏んでリードを奪い、このイ・デホの得点が決勝点となった。「個人成績は二の次。タイトルへの欲はありません。チームの優勝が夢です」。シーズン前、そう話したイ・デホ。後半戦、イ・デホは打って、時には走って、その夢に近づくことができるか。

オリックスの顔として活躍を続けたイ・デホ

2014年7月1日

果たしてイ・デホはチャンスに弱いのか

福岡ソフトバンクのイ・デホ（32歳）は6月30日現在、打率3割1分7厘でパ・リーグ打撃成績4位にランクインしている。11本塁打は6位タイ、37打点は7位だ。好成績を残しているものの、ファンからは「イ・デホはチャンスに弱い」という厳しい声が聞こえてくる。なぜならイ・デホの得点圏打率は2割3分1厘と低迷しているからだ。

チーム打率2割8分6厘でリーグトップを誇るソフトバンク打線で、4番に座るイ・デホへの期待はとても大きい。それは昨年までの2年間、オリックスで孤軍奮闘していた頃とは比較にならない程だ。そして相手チームのイ・デホ対策はより周到になってきた。

こんな場面があった。6月28日の埼玉西武戦、5回表5対6で1点を追うソフトバンクの攻撃だ。ソフトバンクは1死二塁のチャンスを作り、前の打席でホームランを放っている3番柳田悠岐（26歳）がバッターボックスに入った。ここで西武バッテリーは柳田に対し、キャッチャーは座ったままだったが敬遠気味に勝負を避けた。西武は1死一、二塁で4番のイ・デホと対戦することを選択した。

西武の2番手投手、藤原良平（28歳）はイ・デホに対して初球、外角低めにスライダーを投げてボール。2球目に藤原は初球より若干内寄りの低めにストレートを投げた。するとイ・デホはその球を引っ張ると打球はショートへのゴロ。送球は6—4—3と転送されダブルプレーとなり、5回表の攻撃が終了した。西武バッテリーの敬遠策の成功だ。

守備側にとってランナー一、二塁は盗塁される心配が少なく、打者の打球の傾向に合わせて守備シフトを敷くことができる。また足が遅いイ・デホであればゴロを打たせる事で、併殺を取れる可能性が高い。西武はそのことを考えて柳田を歩かせ、イ・デホとの勝負を選択したのだった。

イ・デホはここまでパ・リーグで最も多い12個の併殺打を記録している。中でもランナー一、二塁での併殺が半分以上の7個。満塁で3個、一、三塁で1個だ。ランナーが一人の状況での併殺打は1度しかなかった。西武の石井丈裕投手コーチ（50歳）にイ・デホについて聞くと、細かい言及は避けたがソフトバンク打線全体についてこう話した。「いいバッターが揃っているとはいえ、状況によって弱点はあります。その弱点を投手と捕手が理解してボールを投げられるかが大事です」。

翌29日のこのカードでも同じような場面があった。1対0でリードしたソフトバンクの1回表の攻撃。無死一、二塁でイ・デホに打席が回ってきた。相手投手は5月10日の試合で同じく一、二塁の場面でイ・デホを併殺打に抑えた十亀剣（27歳）。西武はこの場面でも併殺を狙ったがイ・デホはフルカウントから真ん中に入ったスライダーをライトに打ち上げアウトになった。

併殺打についてイ・デホは「ヒットが出る時もあれば出ない時もある」と言って特に気にしない様子を見せたが、相手チームとしては今後もイ・デホ対策として内野ゴロ併殺を狙う攻め方をするだろう。

「チャンスに弱い」と言われるイ・デホ。確かにイ・デホの得点圏打率は低いが決勝打はリーグ3位の8個を記録している。決して勝負どころで弱いとは言い切れないが、それはイ・デホに対する期待の大きさの裏返しなのかもしれない。

…それから…

イ・デホは翌2015年もソフトバンクでプレー。ヤクルトとの日本シリーズではMVPを獲得した。2016年からはアメリカに渡り、シアトル・マリナーズでプレーしている。

2013年12月17日

信頼を再確認した、オ・スンファンの入団会見

12月13日に大阪で行われた、オ・スンファン（31歳）の阪神タイガース入団会見。その姿は過去に日本球界入りした韓国人選手のものとは雰囲気が少し違っていた。

筆者はこれまでにイム・チャンヨン、イ・ヘチョン（以上、東京ヤクルト）、キム・テギュン（千葉ロッテ）、イ・ボムホ（福岡ソフトバンク）の日本での入団会見を取材してきた。彼らの入団会見では取材陣から「この韓国人選手はどんな人か？」という好奇の視線が注がれることが少なくなかった。しかし今回はそのような雰囲気は全くなかった。

その理由のひとつに阪神はオ・スンファンの日本での会見に先立って、韓国で入団調印式を開催したことがある。阪神の地元・兵庫を中心とした関西地方ではその調印式の前後から、オ・スンファンに対する報道が連日メディアを賑わしていた。そのため、入団会見の時点ではオ・スンファンに関する基本的な情報がメディア全体に既に行き渡っていて、入団会見でよく聞かれる、「日本について何か知っていることは？」といった外国人選手向けのお決まりの質問はほとんどなかった。

また球団のオ・スンファンに対する信頼も、これまでに来日した韓国人選手とは比較にならないほど大きなものだった。会見の冒頭、和田豊監督（51歳）はこう切り出した。「韓国でやっていた通りにやってもらえればいい。スンファンうんぬんよりそこに継投をどうつなぐかが自分の役割です」。

その言葉はまるで古巣サムソンのリュ・ジュンイル監督の言葉を聴いているかのようで、外国人選手の入団会見というより、国内の主力投手の移籍会見を思わせた。

またオ・スンファン自身も過去の韓国人選手の会見

入団会見で和田豊監督と握手を交わすオ・スンファン

とは発言が異なっていた。多くの選手が口にしてきた、日本で「学びたい」や「挑戦する」といった一歩引いた言葉はない。オ・スンファン本人、そして周囲も活躍するのが当然といった空気がそこには漂っていた。

そしてオ・スンファンの対応能力の高さも会見では目立っていた。入団会見では数字的な目標を尋ねられることが少なくない。選手の立場からすれば具体的な数字を出すことにメリットはないが、繰り返し同じ質問をされるため仕方なく答えるというのが大半だ。しかしオ・スンファンは「救援ミスがないように勝ちを守るのが大事」、「個人記録よりもチームの優勝のため、けがなくいい成績を残したい」と質問をうまくかわしていた。

日本でのオ・スンファンの認知度は、過去の国際大会で強い印象を与えたキム・テギュン（ハンファ）やイ・デホ（前オリックス）、キム・グァンヒョン（SK）に比べるとこれまでは高くなかった。しかし阪神という人気球団に入団したことと、抑え投手として確かな実績を残していることでその名は知れ渡った。

オ・スンファンが踏み出した日本での第一歩。今後の歩みに会見場に集まった人々が期待を寄せた。

2014年5月7日

オ・スンファン、体重と球速の関係は？

オ・スンファン（32歳）が阪神タイガースのユニフォームに袖を通した2月1日のキャンプインから3ヶ月が経過した。

その間、オ・スンファンを見つめてきた中である変化があった。それはオ・スンファンではなくオ・スンファンの通訳、江口優一さん（23歳）の体つきが日々大きくなっているということだ。江口さんは昨年までサムソンで芹澤裕二バッテリーコーチの日本語通訳を務めていたが、その昨年に比べると明らかに肉付きがよくなっている。オ・スンファンは「（江口）優一はいつも僕と一緒に食事をしているから太ったんだと思います」と笑った。

江口さんは「日本に来る前より6キロ太って、今は72キロくらいです」と話す。一方のオ・スンファンは太るどころか痩せてきているという。「日本に来て3〜4キロ体重が落ちました。どんなに食べても太らないです。最近は新人の時とほぼ同じの92キロです」とオ・スンファンは話した。

オ・スンファンに痩せた理由について「わからない」と言い、「もっと太りたい」とこぼす。「太り過ぎはダメだけど、ピッチャーは多少体重が増えても大丈夫だと思っています。体重が増えれば瞬発力が上がって、ボールのスピードもアップします。今より体重を2〜3キロ増やしたいです」。

オ・スンファンは昨シーズン終了後、筋肉量を減らさずに減量するトレーニングを行った。シーズン中も肉体管理を欠かさないオ・スンファンは現状より体重が少し増えた方がプラスに作用すると考えている。

阪神は5月3日から続く9連戦の真っ最中。コンディション管理が重要な時期だ。また連戦中、チーム首脳陣はリリーフ投手の起用に特に気を遣う時期となる。5月3日のヤクルト戦、阪神は8回裏、1対1同点の

春季キャンプの時はスリムだった江口通訳（写真右）だが……

場面で、投球数が100球を越えた先発の能見篤史（35歳）を代えずに続投させたが、能見はこの回4点を喫し、結局阪神は勝ちパターンの投手陣を投入することなく、2対5で敗れてしまった。

一方でその翌日の4日は投手起用が成功し勝利を収めた。今季初先発の鶴直人（27歳）が6回1失点と好投し、7回に安藤優也（37歳）、8回を福原忍（38歳）とつなぐ必勝リレーでそれぞれ1回ずつを無失点に抑え9回裏、オ・スンファンにバトンを渡した。

9回表、2点を追加して4対1。3点リードで登板したオ・スンファンが最初に相対したのは、セ・リーグ打率3位の畠山和洋（32歳）だった。オ・スンファンはカウント1ボール2ストライクで外角に直球を投じ、見逃し三振を奪った。続く打者に四球を与えたが、後続の打者を三振とレフトフライに抑え、ゲームを締めくくった。オ・スンファンは今季7セーブ目だ。

3点リードの場面でマウンドに上がったことについてオ・スンファンは「点差を考えると緊張感がなくなるので、まず先頭打者に集中しようと思って投げた」と話した。

この日のオ・スンファンの球速はMAX150キロ。「もっと食べて体重がちょっと増えれば、ボールはもっと速くなると思う」と言って笑顔を見せた。これからのシーズン、オ・スンファンの体重と球速の相関関係を見守るのも楽しみの一つになりそうだ。

2014年7月8日

オ・スンファン「日本では100%の状態で投げたことがない」

その言葉を聞いて驚いた。7月5日、横浜ＤｅＮＡ対阪神の試合前、阪神のクローザーのオ・スンファン（32歳）が思いがけないことを口にしたからだ。

「初めて話すことですが、日本に来て100%のコンディションで投げたことが一度もないんです」。

普段オ・スンファンが自らの弱さを語ることはない。抑え投手として常に強い姿だけを見せ、「感情の起伏がなくいつも同じ気持ちでいること」を信条にしている。それだけに今回、彼から出てきた言葉はとても意外だった。

オ・スンファンはこう続けた。「これまでを振り返ると、昨年までサムソンで3年連続優勝して韓国シリーズでも投げてきた。さらに昨年は3月にＷＢＣ（ワールド・ベースボール・クラシック）にも出ました。そして今年、日本に来る前にたくさんトレーニングをしてきたからか、自分では気が付かない疲れが溜まっているみたいです。まだ日本に来て自分が思ったようなボールが投げられていません」。

オ・スンファンは7月7日現在、32試合に登板し1勝2敗18セーブ、防御率2・25を記録している。これはセ・リーグのセーブ部門の1位だ。オ・スンファンは藤川球児がメジャー移籍して以降、阪神の弱点だった部分を完全に埋めている。しかしオ・スンファンは自身が納得できるピッチングがまだできていないというのだ。

実際、オ・スンファンは疲れが溜まりだしたというパ・リーグとの交流戦で救援失敗があり、セーブを挙げてもピンチを迎えることが多くなった。特に2アウト以後に不安定な姿を見せることが少なくなかった。そのため、オ・スンファンに対するチームやファンの信頼が、シーズン初めに比べると低下しているのは事実だ。

またオ・スンファンは精神的にも疲れを感じているようだ。「今の自分の調子がいいのか悪いのかわからない」と複雑な心情を吐露した。そこにはオ・スンファンの考えと捕手のリードが一致しないという問題点もある。

オ・スンファンは「日本は球場が狭いからか2ストライクの後、高めのストレートを決め球として要求することがほとんどない」と話す。阪神の捕手のリードを見ると、特に新人の梅野隆太郎（23歳）はそのような傾向が目立つ。

梅野の立場を考えると、ピンチで外角低め主体のリードをするのは理解できる面はある。しかしオ・スンファンの投球スタイルはそれとは少し異なる。コースを狙おうとすると、球数が多くなる悪循環になる。

しかしオ・スンファンはそれをプラスに考えて、リードに合わせようと努力している。「日本に来て内、外のコースを使って勝負することを覚えています。またツーシームが前より良くなりました。今の経験は来年にもっと良くなるプラス要因だと思います」と話した。

チームに目を向けるとセ・リーグ3位の阪神は、7月8日からオールスター休みまで9連戦を行う。対戦相手は2位広島、1位巨人、4位中日といずれも順位争いに関わるチームだ。オ・スンファンは疲れを感じているがこの9連戦でマウンドに上がる機会が増えてこそ、阪神は上位争いに残ることができる。

「1、2日休んだところで疲れはなくなりません。韓国に行って休んだら疲れが吹っ飛ぶかも」とオ・スンファンは笑った。この9連戦以降もそんなオ・スンファンの余裕のある姿を見たい。

…それから…

オ・スンファンは2014、15年とセ・リーグの最多セーブ投手となり、2016年からはメジャーリーグに渡って、セントルイス・カージナルスでプレーしている。

2015年4月7日
イ・デウンが得た、チャンスと課題

「今のウチのチームにイ・デウンがいて良かったです」。

千葉ロッテの落合英二投手コーチ（元サムソンコーチ）は今季、米マイナーリーグから千葉ロッテに入団した投手、イ・デウン（26歳）についてそう話した。

イ・デウンは開幕3戦目の3月29日の福岡ソフトバンク戦で日本初登板し、初勝利を飾った。その1勝がチームにとって大きかったと落合コーチは話す。

現在、千葉ロッテの先発陣は非常に厳しい状況だ。唐川侑己（26歳）、藤岡貴裕（26歳）が共に結果を残せず二軍に降格している。その他の投手ではエースの涌井秀章（26歳）と昨年10勝を挙げ新人王を獲得した石川歩（27歳）だけが信頼できる投手だ。そのような状況でイ・デウンの存在は千葉ロッテにとって大きな力となった。

とはいえイ・デウンは充分な信頼を得ているわけではない。物足りない点はいくつかある。落合コーチは「イ・デウンはキャンプの時からボールはいいんですが、クイック（モーション）と牽制がダメです。幸い理解力が高いので修正できましたが、ソフトバンク戦ではフォークの握りの時に盗塁2つを許しています。相手はイ・デウンの球種のクセがわかっていると思います」。

4月5日に先発した東北楽天戦でイ・デウンは一塁ランナーに完全にモーションを盗まれ盗塁を許した。また他のランナー一塁の場面ではボークを取られている。

それでは投球内容はどうか。千葉ロッテの伊東勤監督（元トゥサンコーチ）は5日の試合後、イ・デウンの投球について「変化球を使おうとしていたが、変化球を使えるボールカウントにならなかった。苦しいピッチングをしていたが、言い換えると苦しみながら良く（6回3失点に）収まったと思う」と話した。

イ・デウンはこの日、8安打と4四死球を与えたが4つの併殺打でピンチを脱した。1、2回は140キロ台後半の速球の割合が高かったが、3回からは初球にカーブを投げるなど変化球を交えた投球が増えたのが印象的だった。

2015年11月に行われた世界野球プレミア12で韓国代表入りしたイ・デウン

イ・デウンはこの日の投球について「実はコンディションがあまり良くなかった。変化球は試合途中にコーチから〝打者が直球を狙っている〟というアドバイスを受けてから多く投げた。直球に自信はあるが最近カーブが良いと監督も言ってくれる」と満足そうな表情を見せた。

イ・デウンの長所は動きのあるストレートとツーシーム、そして鋭く落ちるフォークボールだ。しかし5日の試合を見るとむしろカーブがイ・デウンにとって効果的な武器になっているように見えた。イ・デウンはカーブのコントロールを安定させられれば、打者はカーブを意識しながら直球や他の球種に対応しなければならなくなる。イ・デウンに「カーブがカウント球だけではなく、決め球にもなるのでは？」と尋ねると、「もちろん（決め球に）使える」と自信を見せた。

チャンスをつかむも課題を抱えながら歩き始めたイ・デウン。5日の楽天戦は彼が今後、千葉ロッテの先発投手として信頼を得る可能性があると感じた試合だった。


…それから…

高校卒業後、韓国のプロを経ずにアメリカ・マイナーリーグに進んだイ・デウンは2015年に日本球界入りし、1年目に9勝を挙げるも、2年目の一軍登板は3試合のみ。2016年限りで退団となり、帰国後、兵役義務のため軍に入隊した。（P50参照）

※P49補足
韓国の二軍リーグで日本と最も異なる点は、警察チームと軍隊のチーム、「サンム（尚武）」があることです。警察とサンムは毎年秋に入団テストを行い、メンバーを集めます。テストの参加者は兵役を控えた選手たちで、プロのみならずアマチュア選手も参加します。どちらかのチームに合格すれば2年の兵役期間中、野球ができますが、それ以外の選手は2年間、公益勤務や軍服務のみを務めることになります。

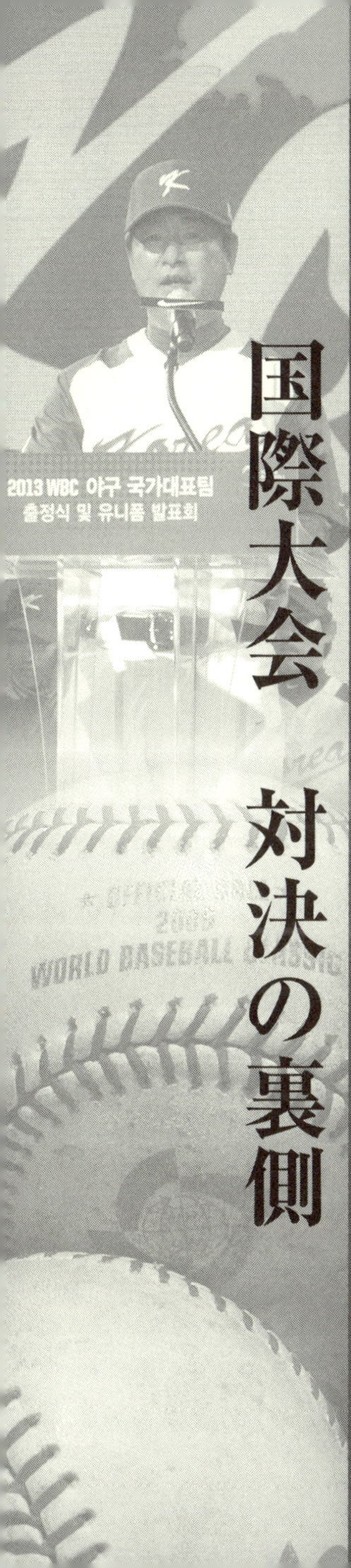

国際大会　対決の裏側

2009年2月18日

WBCに向けた日韓の適応力の差

日韓ともにワールド・ベースボール・クラシック（WBC）の代表選手たちが大会を前に合宿練習に入った。

WBCではメジャーリーグのボールが使用されることが話題になっているが、それに対する日韓の反応は対照的と言える。春季キャンプ前の個人練習からWBC公認球を使っている日本の投手たちは、それぞれ違和感があるそうだ。メディアが報じた各投手の感想をまとめると「重くて日本のボールより表面が乾燥していて滑る」、「縫い目が指にかかりにくく変化球の変化がいつもと違う」という反応だ。

一方、韓国のエース、キム・グァンヒョン（20歳）に今月初め、WBC公認球について聞くとこんな答えが返ってきた。「ボールに対して違和感はありません。WBCのボールが韓国のボールよりも大きかったら気になるでしょうが小さいので問題ないです」。

元々、日本と韓国ではボールの扱いに違いがある。日本では試合で使うボールを審判が事前に専用の砂（もみ砂）で光沢を落としてから使用するが、韓国では箱から開封したボールを何のためらいもなく、そのまま試合で使用している。ボールの滑りなどを気にする様子はない。

また日本の選手たちがWBC公認球に神経質になるのには、重さや滑ること以外にもうひとつ理由がある。それは「アメリカのボールは日本のボールよりも作りが雑で、日本のように均一ではない」からだ。もちろんどちらの国のボールも規格の範囲内で作られているが、徹底した製品管理をする日本に比べ、アメリカのボールはひとつひとつにわずかながら違いがあるという。日本の選手たちは、最高級品質の道具に慣れてしまい、わずかな違いに対応する能力が欠落してしまったようだ。

ＷＢＣ公認球に限らず他の道具でも、日本の選手は非常に恵まれている。一番顕著なのがバットだ。バットはアオダモという木を加工して作られる。用具メーカーではどのバットも同じ材料を用いて製作するが、プロ野球選手が使用するバットには、その中でも最も良質な木材を優先して使用するという。そのため、同じメーカーが作る同じ型式のバットでも、日本のプロ選手が入手するバットと、市販されるバットでは品質に差があるそうだ。

キャンプや国際大会で、日韓の選手、コーチが顔を合わせるとバット談議に花が咲く。そこで日本の選手が韓国の選手のバットを手にしてこんなことを口にしたこともあった。「こんなに密度が低いバットを使ってよく打っているよ。すぐ折れちゃうでしょ」。そんなやり取りを経て、親しい関係になると、日本の選手が韓国の選手にバットをプレゼントすることも少なくない。

用具をはじめ様々な面で恵まれた環境にある日本の野球。そのため成熟はしているが、短期戦のような順応性を問われる戦いでは弱さを見せている。ＳＫのキム・ソングン監督（66歳）は「韓国の選手は日本よりも厳しい環境で野球をしている。そのことが強さに表れている」と話す。未成熟さが韓国の適応力を育んでいるようだ。

2013年1月21日

感情的な争いなき日韓戦

1月15日、ソウルで第3回ワールド・ベースボール・クラシック（WBC）韓国代表チームの出陣式が行われた。その席で筆者は日本メディアからの依頼で以下の質問をした。「2次ラウンドに進出すると、日本と対戦する可能性があるが、メジャーリーガーがいない日本代表に対してどのような印象を持っているか？」大会3連覇を目指す日本にとって韓国は最大のライバル。その韓国が日本のことをどう見ているかは、日本メディアの大きな関心事だ。

この質問に対して、韓国代表のリュ・ジュンイル監督は「明日、日本の最終エントリーが出るというので、それを見て戦力を把握したいと思う。メジャーでプレーする選手が抜けているとはいえ、日本の選手たちは技量がある」と答えた。

またイ・スンヨプは「日本だからといって、必ず勝たなければいけない相手とは思っていない。ベスト4に上がるまでに6チームと対戦するが、他のチームと同じ対戦相手のひとつだ」と話した。

日本側からすると韓国の監督、選手の口から「日本には絶対に勝ちたい」という答えを導き出したいところだろう。しかしリュ・ジュンイル監督とイ・スンヨプは至って冷静に落ち着いた回答をした。一方で日本のことを尋ねなくても日本のことをライバルとして語る選手もいる。

チョン・グンウはこう話した。「決勝戦で対戦したいチームは当然日本だ。前回大会の決勝戦では、三振して最後のバッターになったことがいまだに忘れられない」。またイ・ジンヨンは「前回は日本に負けて優勝できなかった。今回は決勝戦で日本に勝てるようベストを尽くす」と話した。対戦するたびに熱戦を繰り広げる日本と韓国。この両者はわざわざライバル関係を煽らなくても、接戦を通して生まれた緊張感が選手

WBC出陣式で決意を語るリュ・ジュンイル監督

の口から自然と出てくる。
　そんな中、近年は選手同士の関係に変化が見られる。昨年、イ・デホに日本の選手について聞くとこんな答えが返ってきた。「何度も国際大会で対戦することでお互いを知る機会が増えました。阿部（慎之助）さんや長野（久義／以上、巨人）、本多（雄一／福岡ソフトバンク）などみんなと親しいです」。イ・デホのように日本でプレーする選手を始め、他の選手たちも試合では敵同士であっても、プレーを離れれば言葉を交わす間柄になっている。
　良きライバルとして顔を合わせる日本と韓国。そこには感情的な争いではないトップアスリート同士の結びつきがある。

…それから…

　２０１３年のＷＢＣで韓国は台湾での一次ラウンドで敗退。日本が待つ二次ラウンドへは進出できず、両者が対戦することはなかった。日本は大会三連覇を目指したが準決勝でプエルトリコに敗れ、ドミニカ共和国が王者となった。

2013年3月12日

WBC東京ラウンド、話題の「魔球」は?

3月8日から東京で行われているワールド・ベースボール・クラシック（WBC）2次ラウンド。日本の初戦の相手は1次ラウンドB組1位の台湾だった。

日本では国際大会直前になると各メディアが相手チームを詳しく紹介し、「日本はどのような対策を練ればいいのか?」と紹介するのが特徴になっている。今回は台湾の先発投手・王建民の投球スタイルと攻略ポイントについて、野球解説者が細かく説明。それを多くの視聴者が見つめた。

テレビの場合、それはスポーツ番組に限らずニュースや情報バラエティー番組でも行われる。WBCのような大イベントでは、野球ファンはもちろん多くの視聴者は、ただ日本を応援するのではなく専門的な視点で見たいという欲求が強いようだ。

王建民について日本の各メディアは、彼の持ち球である シンカーを大きく取り上げた。速いスピードで右打者の内角に低く落ちる王建民のシンカーは「高速シンカー」と紹介され、1次ラウンドのオーストラリア戦で投じられた61球中、9割がシンカーだと伝えられた。

しかし王建民は、オーストラリア戦後の公式インタビューで、「基本的にツーシームを投げて、強打者にはシンカーを投げた」と話している。放送局の取材によると、王建民のシンカーはボールの縫い目に合わせて人差し指と中指を置いて投げるため、ツーシームと大きな違いはない。ということで重要なのは、球種が何であるかではなく、バッターがそのボールにどう対処するかがポイントとなることが番組の中で強調された。

過去には韓国の選手が大きく取り上げられたこともある。日本と韓国が5試合戦った、2009年のWBCだ。その時はキム・グァンヒョン（SK）の

「縦に変化するスライダー」が分析対象となった。08年の北京五輪でキム・グァンヒョンと対戦した日本の打者たちは、「見たことがない角度のスライダー」と話し、「ボールが視界から消える」と「魔球」への感想を話した。これに対し解説者は「低めに落ちるボールには手を出さず、真ん中から高めのボールだけを打てばいい」という攻略法を説明した。

今回のWBCで韓国は1次ラウンドで敗退したため、日本と対戦することなく大会を終えた。もし、韓国が2次ラウンドに進出していたら、この魔球が紹介されていたかもしれない。1次ラウンドで2番手または3番手として全3試合に登板したノ・ギョンウン（トゥサン）のツーシームだ。打者から見るとストレートと同じ軌道を描きながら、打者の手前で右打者の内角低めに落ちるツーシームはバットの芯を外すのに効果的な球種として知られている。

ノ・ギョンウン本人にツーシームについて聞くとこんな答えが返ってきた。「僕のはツーシームではなく、ボールの縫い目以外の部分に指を置いて投げるノーシームです」。ノ・ギョンウンはこの球種を投げる時、指を縫い目の上に置かずに皮の部分に置いて投げていた。そうすると指が滑ってしまい指に力が入りにくいはずだが、ノ・ギョンウンは特に滑ると言われるWBC公式球でもそれを苦にすることなく投げている。

サムソンの門倉健投手インストラクターはノ・ギョンウンのノーシームについて、「ツーシームでボールを握っても、フォーシームと同じようなストレートになってしまうピッチャーもいます。そのような投手の場合、ノーシームで投げることも方法のひとつです」と話す。

WBC日本代表は10日のオランダ戦に勝利し、準決勝進出を決めた。日本のメディアでは今後対戦が予想されるアメリカや中南米チームに対する、「魔球チェック」が続くことだろう。

2015年10月20日

日韓戦のキーワードは「内角球」

11月8日から開催される新しい野球の国際大会・世界野球プレミア12。日本代表チームは札幌ドームでの開幕戦で対戦する韓国代表の分析に着手している。

日本代表の稲葉篤紀打撃コーチ（43歳）と志田宗大スコアラー（34歳）は韓国の選手をチェックするため韓国を訪れポストシーズンを視察した。この2人から聞かれた対韓国のキーワード、それは「内角球」だ。

今年のKBOリーグは打率3割を超える打者が28人を数え、リーグ平均打率は2割8分と極端な打高投低になっている。その原因について日本球界関係者や韓国で活動する日本人コーチは一致した見解を示した。それは「韓国のストライクゾーンは内角に狭く、また投手が打者の胸元をあまり突かない」ということだ。

ではなぜ韓国の投手は内角に投げないのか。その理由について彼らは「制球力が乏しい投手が多いのと、選手同士の仲が良いので投手が打者の厳しいところにボールを投げない傾向にあるから」と推測した。しかし稲葉コーチは自身が出場した国際大会で、「韓国の投手に内角を厳しく攻められた」と話し、そんな中でも特に印象に残っている打席があるという。

「2009年のWBC（ワールド・ベースボール・クラシック）での韓国との2試合目（1対0で韓国が勝利）です。最初の打席でポン・ジュングン（LG）が投げた球が頭の近くにきて、バットに当たってファウルになりました。それがきっかけになって、あの大会ではバッティングのバランスを崩してしまいました」。体の近くに投じられたボールひとつによって、その後の打席に影響が及んだと話す稲葉コーチ。「捕手のパク・キョンワン（当時SK）は打者に内角を意識づけするリードがうまかった」と当時を振り返った。

「韓国の投手はコントロールが悪い」と「内角にはあまり投げない」という前提の中で、韓国の投手が日本の打者にインコースを強く印象づけたとしたら、韓国側にとってそれは大きな武器になりそうだ。

次に韓国の打者に対しての内角球も日本が警戒している部分だ。それは打撃に関することではなく、「韓国の打者はインコースのボールを避けない」という点だ。日本側からは「韓国の打者は何をしてくるかわからない」という声が聞かれる。

２００７年12月に台湾で行われた北京五輪アジア最終予選。その時の韓国の打者の行動が日本側には「ありえない姿」に映った。それは当時20代だったイ・デホやコ・ヨンミンが内角のボールに対し、避けることなく体をひねって当たりに行くような姿勢を見せたからだ。この大会は8チームの中で北京五輪への出場権を得られるのがわずか1チームという厳しい戦い。とはいえ打者がボールに当たりに行く姿に日本側はただただ驚いていた。

今回のプレミア12は当時のような一発勝負ではないため、打者が体を張っていくようなプレーは見られないだろう。しかし日本側にはその場面が今も強く印象に残っている。そのため韓国の打者に対しては「配球上、インコースには投げるが、その際、打者が避けない可能性もあるので注意が必要」という考え方がある。

記録に残されるヒットや三振が勝負を左右することは多い。しかし日本代表の関係者たちは記録には表れない「内角球」という配球が、試合の流れに影響を及ぼすとみて警戒心を持っている。

…それから…

プレミア12で韓国は開幕戦で日本に敗れるも、２度目の対戦となった準決勝で勝利。決勝戦でもアメリカに勝って、大会初代王者となった。

2015年11月3日

日本打線を韓国の打者に置き換えると?

11月8日から札幌ドームで開幕する新しい野球の国際大会・プレミア12。

韓国代表チームは初戦で日本と対戦する。韓国と日本のトップクラスの選手が対戦するのは、2009年のワールド・ベースボール・クラシック(WBC)決勝戦以来、6年ぶりだ。その間、日本では世代交代が進み、韓国の球界関係者からは日本代表チームの選手について「どんな特徴を持つ選手かあまりよく知らない」という声が聞こえてくる。中でも打撃陣の顔ぶれに馴染みがないとのことだった。そこで今回のコラムでは日本の先発オーダーを予想し、そのメンバーを韓国の選手に置き換えてみる。

1番・秋山翔吾(埼玉西武)は今季、日本の最多安打記録を塗り替える216安打をマークした左打者だ。柔らかいバットコントロールで左右に打ち分ける姿はイ・ミョンギ(SK)を思わせる。

2番・中島卓也(北海道日本ハム)は身長176cm、体重70kgの小柄な体格だがボールをカットする技術が高く、相手投手を悩ませている。韓国プロ野球ではソ・ゴンチャン(ネクセン)が似たタイプだ。

3番・山田哲人(東京ヤクルト)。今季打率3割、30本塁打、30盗塁を残した注目の右打者だ。足を高く上げタイミングを取る打撃フォームはカン・ジョンホ(パイレーツ)が思い浮かぶ。

4番・中田翔(北海道日本ハム)はボールを遠くに飛ばす技術がチェ・ジンヘン(ハンファ)と並び立つ。

5番・筒香嘉智(横浜DeNA)は右方向へ強い打球を放つ左の長距離砲という点で、オ・ジェイル(トゥサン)の印象と重なる。

6番・中村剛也(埼玉西武)はヒッティングポイントを前に置く右の主砲ということから、イ・ボムホ(KIA)だろうか。

7番・松田宣浩（福岡ソフトバンク）は力あるスイングの右打者だ。長打が多い一方で三振も少なくないことから、チェ・ジュンソク（ロッテ）と通じる。チェ・ジュンソクは体型だけなら6番の中村剛也に似ているが、打撃スタイルは松田の方に近い。

8番・中村晃（ソフトバンク）は故障の内川聖一（ソフトバンク）に代わって登録された左打者だ。中村は高い打撃技術で左右にヒットを放つ安打製造機。大きくない体格と合わせてソン・アソプ（ロッテ）とタイプが似ている。

9番はキャッチャーの打順となりそうだが、日本代表の捕手3人はいずれも守りに定評があり、先発投手によって変わる可能性がある。そのため正捕手を決めるのは少々難しいところだ。

今回の仮想日本オーダーを予想する際、韓国の選手からもアドバイスをもらった。特にナ・ソンボム（NC）は「僕は柳田選手（悠岐／ソフトバンク）とタイプが似ていて、好きな選手です」と話した。ナ・ソンボムは今回のプレミア12で柳田と顔を合わせるのを楽しみにしていたが、残念ながら柳田は膝の負傷で11月2日代表メンバーのエントリーから除外されている。

韓国の選手に例えた日本のオーダーは、イ・ミョンギ、ソ・ゴンチャン、カン・ジョンホ、チェ・ジンヘン、オ・ジェイル、イ・ボムホ、チェ・ジュンソク、ソン・アソプの順だ。このような並びの日本の打者を相手に、韓国の投手陣はどう相対するか興味深い。

2016年6月28日

イチローが放ったWBC韓国戦での14安打

マイアミ・マーリンズのイチロー（43歳）がメジャーリーグ通算3000安打まであと16本に迫っている。これに日本での安打数を加えると4262本を数える（2016年6月27日現在）。

この安打記録には含まれていないが、イチローが放ったヒットの中で多くの人の記憶に残っている14本のヒットがある。それはワールド・ベースボール・クラシック（WBC）の日韓戦でイチローが放ったヒットだ。その時イチローと対戦した韓国の投手は何を思ったのだろうか。

イチローは日本代表選手として2006年の第1回、2009年の第2回大会に参加している。韓国戦では38回打席に入っているが、最も多く対戦した投手が10度顔を合わせたポン・ジュングン（35歳／LG）だ。ポン・ジュングンはイチローに対して「特別な存在」と話す。

「僕は高校生の時、外野手として背番号51を着けていました。イチロー選手のことは尊敬していて、ずっと興味を持って見ています。僕がメジャーでプレーしていた時は対戦することはなかったですが、シアトルで挨拶したことがあります。イチロー選手で一番覚えていることは、2009年に東京ドームで行われた日本との1次ラウンド決勝戦です。その前の日韓戦ではキム・グァンヒョン（SK）が先発してコールド負けしました。そして僕が次の試合で投げたのですが、1番打者のイチロー選手を抑えれば、状況が変わると思って投げました。イチロー選手のことは尊敬していますが、その尊敬している人を抑えなければならないというのは不思議な感覚でした」。

ポン・ジュングンとイチローの対戦は2大会で9打数1安打1四球とポン・ジュングンが抑えた。ポン・ジュングンはイチローについて「ミートする能力が高く、バットの芯に当てる技術と選球眼が優れていました。そして緩急に対する反応も良かったので、ボールに目が慣れないように球種と球速に変化をつけながら投げたのが抑えられた理由だと思います」と話した。

また2009年にイチローと4度対戦したチャン・ウォンサム（33歳／サムソン）はこう振り返った。

「日本代表選手はみんなスーパースターですが、特にイチロー選手は打席に入るとたくさんのフラッシュが光って、観客の反応や球場の雰囲気が変わりました。そんな中でイチロー選手を抑えるのはとっても気持ち良かったです」

チャン・ウォンサムはイチローにヒット1本を許したが、三振も一つ奪っている。イチローがWBC韓日戦で記録した三振は2006年のパク・チャンホ、2009年のチャン・ウォンサムからの2つしかない。チャン・ウォンサムは「〝オレはイチローから三振を奪った〟とずっと自慢できます。個人的な喜びです」と話した。

WBC日韓戦でイチローが放ったヒットで最も強烈な印象を残したのが、2009年大会の決勝戦。延長10回表に飛び出した決勝打だ。この場面はイム・チャンヨン（40歳／KIA）がイチロー相手に真っ向勝負したことが大きく話題になった。しかしその背景には9回表、イチローとイム・チャンヨンの対戦に勝負を避けることができなかった理由があった。

イム・チャンヨンに当時の状況に聞くと、「9回表に二塁打を打たれていたので、10回表の場面では抑えたかった」と話した。イム・チャンヨンのようなたくさんの経験を重ねた投手でも、イチローに対しては特別な意識が働いてしまった。

ポン・ジュングンはイチローについて「韓国、日本、アメリカといった国を越えて、尊敬する存在」と話し、チャン・ウォンサムは「アジア最高の打者で対戦すること自体が誇らしい」と答えた。

WBCでのイチローと韓国の投手の対戦成績は35打数14安打2四死球、1犠打。その対戦ひとつひとつに当事者の深い記憶がある。

2008年11月18日

アジアシリーズ、忘れていた謙虚さ

日本、韓国、台湾、中国の各リーグの優勝チームが集結し、アジアの頂点を争ったアジアシリーズ2008。その大会3日目、SKは台湾・統一に敗れ、目標のアジアナンバーワンの座どころか、決勝戦進出すら逃した。

この結果に筆者自身、反省しなければならないことがある。それは「台湾チーム相手ならSKは必ず勝つだろう」という驕りがあったからだ。SKはアジアシリーズで2年続けて日本の出場チームに勝利し、昨年の統一戦ではコールド勝ち。「今年も3戦全勝で決勝戦に進出するに違いない」と思い込んでいた。しかし敗れた場合の準備もするべきだった。

もし、統一戦に敗れた場合、埼玉西武、SK、統一の3チームが2勝1敗で並ぶ。その場合の順位決定方法は、失点数÷守備イニングの失点率だ。本来ならSKが負けることも想定し、失点率も計算しておくべきだが、筆者を始め、そのことを事前に考えていた韓国側関係者はほとんどいなかった。今回の敗戦という結果に、選手たちの油断があったとは思わないが、SKを取り巻く我々は、「台湾はもはや注意すべき敵ではない」と高を括っていたようだ。

韓国は2003年のアテネ五輪予選で台湾代表に敗戦し、五輪出場を逃している。そこで韓国は、台湾対策に多くの時間を費やした。その結果、06年のワールド・ベースボール・クラシック（WBC）で台湾に勝利。その後も、昨年のアジアシリーズ、北京オリンピックアジア予選、北京オリンピックに勝利した。そのことから筆者だけではなく、多くの韓国サイドの人がかつて台湾に敗れたことを忘れ、勝つことは当たり前だと思い込んでしまっていた。

一方の台湾は、悔しさをバネに綿密な動きを見せていた。アジアシリーズを1ヶ月前に控えた今年10月、台湾の統一、兄弟両球団のスタッフは台湾シリーズの期間中にも関わらず、韓国シリーズ全試合を偵察に訪れる周到さがあった。

また今回のSK戦で、統一のリュ・ウエンション監督は賭けに出た。「決勝戦に進出するためには、勝つだけではダメで、失点率でSKに上回らなければならない。そのためには、3点以上リードして勝つことが必要だ。走者が出ても進塁打ではなく長打を狙う」というものだ。結果的にそれが功を奏し、統一は4本塁打10得点を挙げた。

大勝した統一だが、試合後の監督以下、選手たちの姿は至って冷静だった。しかし内心では「決勝戦に進んで西武と当たるのが当たり前と思っているSKに負けるわけにはいかない」という意地があったという。韓国側に漂う慢心が、彼らの闘志に火を付けてしまった。

いまこの文章は、東京ドームで決勝戦を見ながら書いている。目の前にSKの選手たちがいないのは実にさびしいものだ。しかし、これがWBCに向けた勉強だとすれば、韓国にとって良い教訓だろう。

SKが統一に敗れた後、日本のスポーツ紙のベテラン記者に言われた一言がある。「これが野球。常に謙虚な姿勢が必要です。勝ちたいという思いが強い方に、良い結果は転がるものです」。この言葉を胸に、筆者はもう一度、謙虚な気持ちで来年3月のWBCを迎えたいと思う。

2011年11月28日

サムソンはアジアSで内川とどう対峙するか

サムソンと福岡ソフトバンクがアジアシリーズ決勝戦で顔を合わせることになった。

サムソンが優勝するために最も警戒しなければならない打者。それは今季のパ・リーグ首位打者、内川聖一（29歳）だ。内川は今大会で10打数5安打7打点を記録し、打撃部門トップの成績を残している。その内川とサムソンの先発投手が予定されているチャン・ウォンサム（28歳）は、過去に大きな舞台で対戦したことがあった。

「一回だけあります。内角の直球を内川がうまく打ってホームランにされました」。チャン・ウォンサムはそう振り返った。

2009年のワールド・ベースボール・クラシック（WBC）、アメリカ・サンディエゴのペトコパークで行われた予選2次ラウンドだった。1対0韓国のリードで迎えた2回表、先発のチャン・ウォンサムはその回の先頭打者・内川に、カウント1―1からの3球目をレフトへ運ばれる同点ソロアーチを喫していた。

しかし2人の対戦は実際のところこの1度だけではなかった。チャン・ウォンサムと内川は3度対戦し、2打数1安打1四球という結果だった。チャン・ウォンサムはホームランを喫した次の打席、3回表2死2塁の場面で、フルカウントの6球目をセカンドゴロに打ち取っている。

チャン・ウォンサムは「いい結果は覚えてないです。打たれたことしか記憶にないです」と頭を掻いた。

チャン・ウォンサムの言葉通り、投手はいいピッチングよりも打たれたイメージの方が残るという。サムソンには内川に打たれた記憶を持つ人がもう一人いる。落合英二投手コーチ（42歳）だ。「内川がプロ2年目（2002年）の時、浜松球場で対戦しました。内角にシュートを投げたら、レフト線に二塁打を打たれたんです。その時、マウンドに来た捕手の中村（武志）さんに〝彼はこの先、いいバッターになりますよ〟と話しました。すると中村さんに〝おまえ、試合中に何言ってんだよ〟って言われたのを覚えています」と話した。

優勝を決め喜ぶサムソンナイン

内川が優れた打者であることは、誰もが認めるところだ。しかし、悪いイメージだけを持ってゲームに臨んでもプラスには作用しない。

落合コーチにもし内川と対戦するなら、どのように攻略するか尋ねてみた。「内川は外角低めのボールをうまく打ちます。外角に自信があるので、あえて外角高めに速い直球を投げれば、ついバットが出てしまうかもしれません」。落合コーチはそう話しながら、実際にマウンドに上がることをイメージしたのか、表情が紅潮し始めた。

サムソンとしては手ごわい相手となるソフトバンク。そして強打者・内川に対しどう立ち向かうか。悪いイメージは捨てて、勝てるという強い意志をもって試合に臨むことが、勝利に向けたポイントのひとつとなるだろう。

…それから…

サムソンは迎えたアジアシリーズ決勝戦で先発のチャン・ウォンサムが好投。ソフトバンクを破り、韓国出場チームとして初優勝を果たした。

2013年11月26日

アジアSの必要性と野球国際化の未来

11月20日に幕を下ろした2013年のアジアシリーズは、出場チームの中でも格下と見られていた台湾とオーストラリアのチームが決勝戦に進出し、オーストラリアのキャンベラ・キャバルリーが優勝を飾った。この結果について敗れた韓国や日本では、悔しいという言葉よりも大会の必要性を疑問視する声が数多く上がっている。この状況をどう見れば良いか。今回はアジアシリーズの未来を考えたい。

アジアシリーズは2004年7月に日本プロ野球の実行委員会で提議され、その翌年に第1回大会が開催された。提議された当時、日本では一部の球団から球団数削減の動きがあり、2リーグ制から1リーグ制に移行した場合、日本シリーズの代わりにアジアシリーズを行おうという意図があった。その年、オリックスと近鉄が合併に合意し1リーグ制への動きが進みかけたが、翌年、新球団として楽天が誕生。2リーグ制は維持されることになった。そこでアジアシリーズは当初の目的よりもアジア野球の発展をメインテーマとして行うことになった。

第1回大会から8年を経た現在、今の状況を見ると大会を続けるには難しい点が多い。それを解決するには改革が必要だろう。

もし今のようにシーズン終了後に行う場合、参加選手に対する制度を変える必要がある。サムソンのリュ・ジュンイル監督はアジアシリーズの期間中、こう話した。「アジアシリーズで優勝したら、選手にFA権取得期間を短縮できるなどのメリットを与えないといけない。またFAの交渉期間もアジアシリーズが終わってからにしないとダメだ」。このリュ・ジュンイル監督の提案を台湾の記者たちに伝えると「いいアイデアだ」という声が聞かれた。

また開催時期を変更し、シーズン中に行うというケ

2013年のアジアシリーズ記者会見。サムソンのリュ・ジュンイル監督（左から3番目）、楽天・星野仙一監督（右から2番目）

ースだが、その場合も解決しなければならない問題は多い。まずリーグの優勝チーム間の対決が不可能になるため、シーズン中の「アジア交流戦」という形になる。公式戦期間中にアジアのプロチームが数ヶ所に集まり試合を行う方法だ。その結果が公式戦の成績に含まれれば、各チーム共必死にやらざるを得ないという効果はありそうだ。

この場合の問題点は日本で日本の球団と韓国や台湾の球団が試合を行う場合、ビジター側のファンがほぼいない状態での試合になってしまうことだ。それには日本の球団は興行収益の減少を理由に難色を示すだろう。

選手の立場や球団の収益面を考えると、アジアのプロ野球の交流は必要ないとも言える。しかし国際化が遅々として進まない野球界の未来を考えた場合、収益より理念を優先に行動する必要がある。この話を日本の放送局関係者とすると「もし王貞治さんが10歳若かったら、リーダーシップを発揮できたかもしれないのに」と話した。

韓国でアジア球界の未来のために理念を持ち、リーダーシップを発揮できる人物や企業はいるだろうか。そんな存在が表れることを願いたいが、表れなくとも、そのような議論をすること自体が野球界を考える一歩となるだろう。

2015年12月1日

プレミア12、野球国際化への改革案

11月8日から21日まで行われた新しい野球の国際大会・世界野球プレミア12（世界野球ソフトボール連盟主催）は韓国の優勝で幕を下ろした。

プレミア12とワールド・ベースボール・クラシック（WBC）。共に4年に一度行われるこの2つの大会に、どのような違いがあるのか見比べたファンも少なくないだろう。今回のコラムでは大会全日程を現場取材しながら考えた、「プレミア12改革案」を提案したいと思う。

プレミア12の最も大きな特徴はアマチュア大会を含めた各種国際大会の成績を反映した世界ランキングを元に、1～12位の国や地域に参加権が与えられるというものだ。その基準はとても論理的に見えるが、野球というスポーツは盛んな国や地域が世界的に少なく、この順位にはあまり大きな意味は感じられない。

今回のプレミア12に出場できなかった13位以下を見ると、パナマ、オーストラリア、ブラジル、ニカラグア、コロンビアなどは今後12位以内に進出する可能性があるが、その他のスペイン、ドイツ、チェコ、中国、イスラエルなどが出場権を得るのは非常に厳しいだろう。すなわち今後のプレミア12は参加チームに大きな変化なく行われる公算が大きいということだ。

またプレミア12にはメジャーリーグの40人ロースターに含まれた選手が参加できず、実質的な世界王者決定戦にはなっていない。このような状況を見るとプレミア12は「野球の国際化を推進する」という、本来の趣旨を重視した大会運営をした方が良いのではないかと思う。

具体的には13～24位までのチームの選手2名（投手、野手1名ずつ）を「育成追加選手」として大会に参加させるというものだ。参加方法は世界ランキング1位の日本には24位のパキスタンの選手、2位のアメリカには23位のフィリピンの選手、8位の韓国の場合、17位のスペインの選手がそれぞれ加わるというものだ。その目的は大きく2つある。ひとつ目は育成追加選手がレベルの高いチームの中に入ることで技術や野球への取り組み方などを習得し、自国に戻ってその経験を伝えるということ。もうひとつは野球が盛んではない国や地域に野球というスポーツを発信することだ。

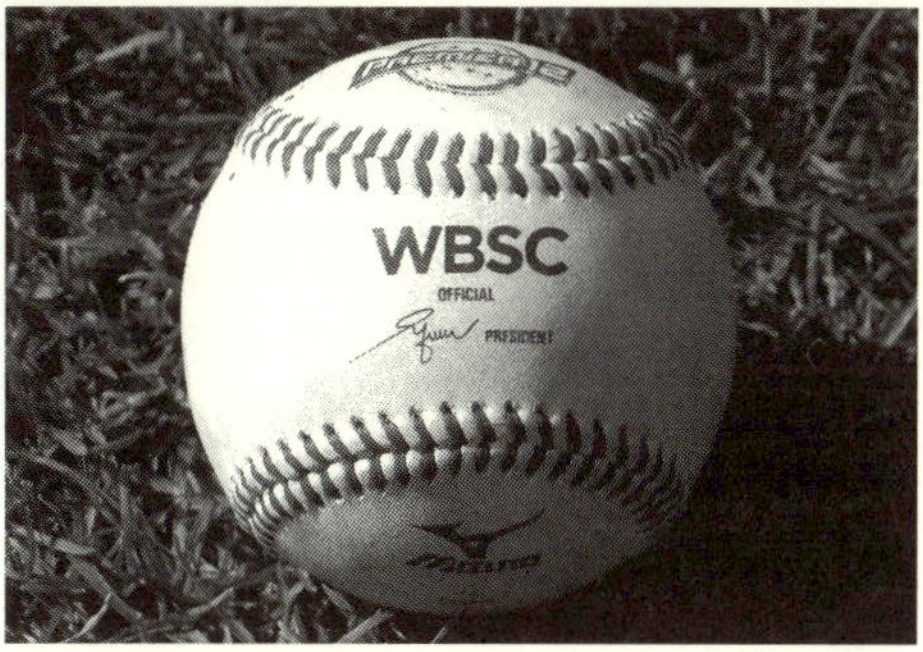

育成追加選手には大会期間中、一定の出場機会を与え、その姿をそれぞれの国や地域に映像配信する。たくさんの観客が集まる国際大会で自国の選手の活躍が配信されることで、野球への認知が乏しい国に競技への興味を促すことができる。

その他に選手による情報発信も期待できる。例えば韓国チームに加わった育成追加選手がSNSなどで、「同じチームのイ・デホ選手は日本で5億円を稼いでいて、メジャー進出も狙っているすごい選手です」といった内容をアップすることで、「野球は夢をつかむことができるスポーツである」と広くアピールできるはずだ。

筆者のこのアイデアをかつてオリンピックで野球日本代表の監督を2度務めた山中正竹前法政大学教授に伝えると、山中氏はこう答えた。「国際大会を国家間の対決だと見るファンがそのアイデアをどう理解するかだと思います。大会自体が最も強いチームを決めることを目的にするのか、それとも野球の国際化を優先させるのか、何を重要視するかによって見方は変わるでしょう」。

野球は日本、韓国では盛んで、最も人気があるスポーツだが、世界的に見るとマイナースポーツだ。野球の発展のためには、プレミア12初代王者の韓国、野球世界ランキング1位の日本が、長期的な視野で第2回プレミア12へのビジョンを掲げるべきではないだろうか。

世界大学野球、注目の4年生たち

7月30日から日本・東京で行われている、第5回世界大学野球選手権大会。韓国、日本、アメリカ、キューバなど8つの国と地域のチームが参加するこの大会に、韓国は成均館大学の13選手を中心とした22人で臨んでいる。

今回のチームの4年生で1番の注目選手は、4番・キム・ヨンホ（成均館大）だ。188cm95kgの恵まれた体格で、顔を見ると最近の若者というよりも高校時代の清原和博（前オリックス）や松井秀喜（エンジェルス）を思わせる雰囲気のある打者だ。

右投右打のキム・ヨンホ。しかし打撃練習を見ていると左打席でも打ち始めた。韓国代表のイ・ヨンス監督（成均館大監督）は「彼はスイッチヒッターです。一発があるスイッチヒッターは韓国では初めてだと思います。右で打っても左で打ってもパワーは同じです」と話した。その言葉通りキム・ヨンホは右打席だけではなく、左打席でもフェンスを越える打球を放った。キム・ヨンホに両打ちの理由について聞くとこう話した。「高校2年の時に右ひじを負傷した時に始めました。その時は投げるのも左でした」。

キム・ヨンホは左右の使い分けについて「コンディションに合わせて変えている」と話す。右投手の時に左打席に入るというわけではないようだ。中国戦では3安打した後の4打席目、右投手を相手に今大会初めて左打席に立った。結果はボテボテのファーストゴロ。メインは右打席だが、バランスを崩した時などに左でも打てることが調整のひとつとして役立つことはありそうだ。

キム・ヨンホは初戦の日本戦でエースの斎藤佑樹（早稲田大）からの2安打を含む3安打を放った。キム・ヨンホは斎藤について「DVDで研究したのが良かった。対決してみていい投手だと思ったけど、打てない相手ではないと思う」と話した。この試合を見守った数多くの日米のスカウトたちは「魅力ある主砲」とキム・ヨンホを評価。7月31日のキューバ戦は打線全体が沈黙したが、打球の速さは群を抜いていた。

キム・ヨンホが古いタイプの主砲なら、今の韓国球界のトレンドであるスピード野球を体現する右投左打の選手が外野手のコ・ジョンウク（漢陽大）だ。コ・ジョンウクはオ・ジェウォン（トゥサン）のような足を生かした全力プレーが持ち味だ。日本戦では0対2で2点を追う7回表、2アウトからセーフティーバントで出塁するなど1番打者としての工夫が見られた。「ドラフトで指名されるのではないかという話はよく聞きますがどうなるかわかりません」と話したコ・ジョンウク。足を使った攻撃をしたいチームにとってまず獲得したい選手だろう。

今年の韓国の新人ドラフトは8月16日に行われる。

…それから…

キム・ヨンホはハンファに入団するもプロでその才能が開花することはなかった。一方でコ・ジョンウクはネクセンの上位打線を担う外野手として活躍している。

2012年8月28日

18U大会、大谷、藤浪を擁する日本の実力は？

第25回AAA世界野球選手権大会が8月30日からソウルで行われる。日本はこれまで、夏の甲子園大会と時期が重なることから、この大会にベストメンバーで挑むことができなかった。しかし今回は8月末から開催されるため最強と言える面々が揃った。

日本は2004年の21回大会で高校オールスターチームを編成し、キューバに次ぐ準優勝を手にしている。当時の日本代表チームには、現在メジャーリーグで活躍するダルビッシュ有（26歳／レンジャーズ）、埼玉西武の涌井秀章（26歳）などが含まれていた。今回はそれ以来の高校ドリームチーム結成となる日本代表。彼らはどんな結果を残すだろうか。日本代表を率いる小倉全由監督（55歳／日大三監督）に話を聞いた。

今回の日本代表で大きな注目を集める選手に球速160キロを記録した右投手、大谷翔平（花巻東3年）がいる。小倉監督は大谷の起用法について、「実は他のチームについては台湾が強いということ以外、情報がありません。ということでまず状態が良い投手を起用します。そして大谷君に関しては、投げない日にはバッターとして使います」と話した。大谷は高校通算56本塁打を記録している強打者でもある。

またもう一人、プロのスカウトたちが注目している投手がいる。甲子園大会で優勝した大阪桐蔭の藤浪晋太郎（3年）だ。ダルビッシュを思わせる197センチの長身の藤浪は、力ある直球と多彩な変化球が魅力の投手だ。藤浪について小倉監督は「甲子園が終わったばかりなので、無理はさせません」と語ったが、日本はこの大会で投手力に頼らざるを得ない事情があり、藤浪に寄せる期待は大きい。

日本が投手に期待する理由はこの大会で使用するバットにある。日本の高校野球では金属バットを使用しているが、この大会では木製バットを使わなくてはならない。それに対し小倉監督は「ロースコアの試合が増えるだろう」と予想した。また、「24日、代表チームのフリーバッティングで木のバットを使い始めましたが、芯を捕らえても思ったように飛ばないと感じた選手が多かったようです。選手たちは〝バットを折っちゃいけない〟と思ってスイングしていたので、思い切って振るように言いました。それからは気にせず打つようになりましたよ。いずれにしても1点取れるか取れないかの試合になるでしょう」と話した。

小倉監督は韓国代表チームについて、「情報がないので個々の選手は分かりませんが、去年横浜で行われたアジア選手権で見た時に、スケールの大きい野球をするという印象を持ちました」と言う。

この大会で韓国と日本は異なる予選グループに属するため、両者が顔を合わせるのは決戦ラウンド以降となる。「短期間でたくさんの試合をする難しさはあるが優勝を目指します」と話した小倉監督。将来の球界を背負うことが期待される、日韓の高校生の対戦は、興味深い戦いになるだろう。

…それから…

この大会はアメリカが優勝を飾り、韓国は5位、日本は6位だった。この年のドラフトで大谷翔平は北海道日本ハム、藤浪晋太郎は阪神にそれぞれドラフト1位で指名され、その後二人とも球界を代表する選手として活躍している。

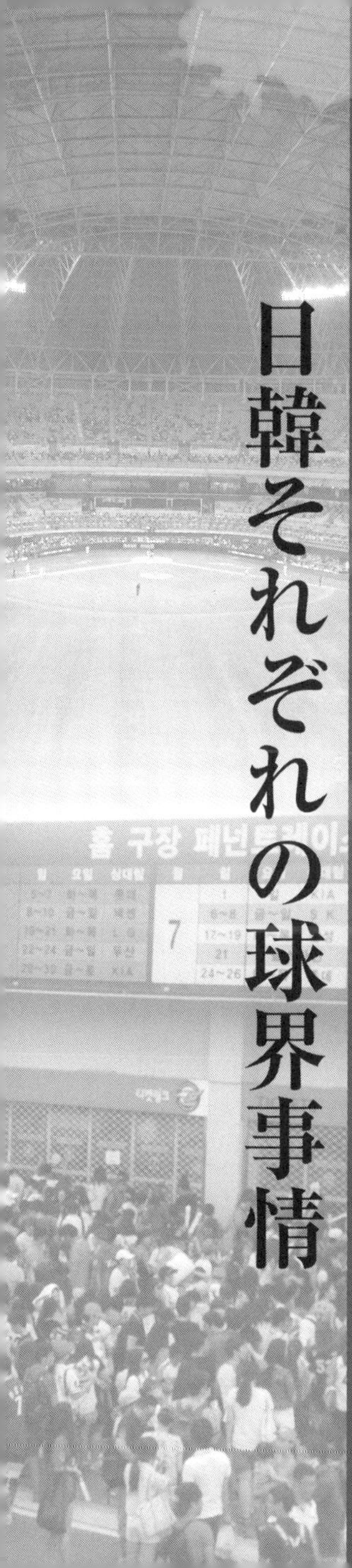

日韓それぞれの球界事情

日本は軟球、韓国は硬球。それぞれの草野球事情
2010年8月24日

八百長問題で人気低下？ という誤解
2012年6月4日

韓国のチケット購入、外国人には高い壁
2012年7月3日

先輩・後輩に見る日韓の違い
2012年7月9日

韓国の野球トト、日本の手本になるか
2012年8月7日

日本の球団が狙う、来季の助っ人は？
2012年8月21日

韓国スタイルのファンサービス、日本での導入は？
2013年1月1日

日本の球団が、韓国の
マーケティング戦略から得るもの
2013年6月11日

日本側から見る日韓の野球中継の違い
2013年7月2日

日本の野球中継、韓国が変革のきっかけになるか
2014年9月11日

コチョクドームのアクセスと規模に問題なし
2014年1月14日

コチョクドームと野球の観光商品化の関係
2015年12月16日

日韓16球団集結の沖縄、経済効果は？
2014年1月28日

2010年8月24日

日本は軟球、韓国は硬球。それぞれの草野球事情

日韓両国ともシーズン終盤に突入したプロ野球。一方で熱心な愛好者たちが季節に関係なくボールを追いかけているのが草野球だ。

単に草野球といっても日韓では異なる点が多い。まずその呼び名自体が違う。韓国では草野球のことを「社会人野球」という。もし日本人が韓国人の口から「私は社会人野球の選手です」という言葉を聞いたら、「プロ野球選手を目指しているんですか？」と返したくなるだろう。韓国でいう社会人野球の選手とは、日本における趣味で野球をやっている社会人のことだ。

また使用するボールも違う。日本の草野球は軟球を使用するのが一般的だが、韓国ではプロと同じ硬球を使う。総務省の生活統計調査によると日本の草野球人口は400~500万人程だが、その中で硬球の経験者は1割程度と見られる。日本は野球人口が多いものの硬球を使ったことがあるのは、高校野球部などで本格的に野球をした人に限られる。

また、日本には野球場が学校内の施設を含め、1万ヶ所程あるが（文部科学省2008年調べ）、その中で硬式球が使えるのはほんのわずかだ。

一方の韓国はある企業の調査によると、草野球人口が50万人程と日本と比べると少なく、野球場の数も充分とは言えないが、大半の球場で硬式球を使えるというのが日本と異なる点だ。

日本の硬式野球経験者の少なさが顕著に表れるのが、プロ野球でスタンドにファウルボールが飛び込んだ時の様子だ。野球人口が多い日本ならば、誰もがファウルボールを捕りに行こうとしてもおかしくないが大半の人が「プロが使う硬球は硬い、怖い」という認識があるためか、ダイレクトに素手で捕ろうとする観客はあまりいない。

韓国はというと野球人口自体が少ないので、ボール

の硬さや当たった時の衝撃の大きさが想像できない人が多く、無邪気にボールを捕りに行ったりボールの行方を気にしていない観客も多い。

韓国で草野球を楽しむ人の中には日本人を中心に構成されたチームもある。メンバーの大半が仕事上の理由でソウル駐在となった会社員で、その中には韓国で初めて硬球を経験した人も少なくない。彼らに硬球と軟球の違いを聞くと、「硬球は当たると大けがするし打球が速いので怖い。でも打った時によく飛ぶので爽快感がある」と話す。筆者も硬球を初めて投げた時、ボールの縫い目に指がうまく掛かると、軟球に比べて球に勢いが出ることに驚いた。軟式野球の経験がある日本人ならではの感覚だろう。

プロ野球の観客数が増加し、野球熱が高まっている韓国。その影響か以前に比べて公園や球場周辺でキャッチボールをする子供たちの姿が多く見られるようになった。将来は草野球がもっと身近なものになるかもしれない。

2012年6月4日

八百長問題で人気低下？という誤解

連日、たくさんの観客が集まり、熱狂の渦に包まれている韓国プロ野球。しかしこの爆発的な人気について日本ではほとんど伝えられていない。

筆者は先月、イ・デホ（オリックス）とイム・チャンヨン（東京ヤクルト）の取材で、日本の各球場へと足を運んだ。そこで顔を合わせた日本の野球関係者たちは、口々にこう尋ねてきた。「（韓国プロ野球の）八百長問題は大丈夫ですか？」

日本で広く伝えられる韓国プロ野球のニュースと言えば、主に2種類に分けられる。ひとつは大きな記録が達成された時。2003年のイ・スンヨプのシーズン56本塁打や、イ・デホが2010年に達成した9試合連続ホームランがそれに該当する。

二つ目は事件が発生した時だ。今年2月、2人のプロ野球選手が関与した八百長事件は、通信社を通じて日本でも報じられた。近年のプロ野球の八百長事件と言えば、台湾で発生した事件が有名で、この事件は台湾球界に大きなダメージを与えたと日本では知られている。そのため、韓国でも台湾と同様のケースが起きていると思っている人は多い。

ヤクルトの伊東昭光二軍投手コーチは、2010年まで球団編成部に所属した経験があり、現場を預かるコーチの中では球界事情に広く精通している人物の一人だ。その伊東コーチでさえ、「最近の韓国は（八百長事件の影響で）お客さんが入っていないんでしょ？」と尋ねてきた。

これまでに韓国球界との結びつきがあった人でも、その認識に大きな差はなかった。ハンファとキアで打撃インストラクターを務めたことがある松原誠氏と、LGのキャンプで投手インストラクターの経験がある佐々木主浩氏も、深刻な表情で八百長事件について聞いてきた。彼らに八百長事件は組織的な規模ではなか

った旨を伝えると、「それは知らなかった。韓国の野球人気に影響が出ていると思っていた」と話した。

マスコミ関係者の反応も同様だ。アジアシリーズや北京オリンピック、ワールド・ベースボール・クラシック（WBC）で中継を担当したアナウンサーでさえ、韓国プロ野球の盛り上がりについては初めて聞いたと驚いた様子だった。

日本で現在の韓国プロ野球の正しい実態が伝えられない理由として、そのアナウンサーはこう説明する。

「最近、日本では国際大会を除いて、野球関連の番組自体が減っています。ウチの会社のラジオ局も一昨年から週末に野球中継をやらなくなりました。国内の野球の話題が出ない中で、海外野球に関心を向ける機会は減りました」。

筆者は彼らに、最近の韓国プロ野球は2004年の低迷期に比べて、観客数が約3倍に増えていること、うち4割近くが女性ファンであること、また各放送局が野球中継やハイライト番組で、激しい視聴率争いをしていることなどを伝えた。

それを聞いたアナウンサーや評論家は、オリックス戦の中継でイ・デホが打席に入ると、最近の韓国プロ野球の熱狂ぶりを少しずつ伝え始めた。「韓国野球は八百長問題が原因で人気が急落した」という日本での誤解は、今後、イ・デホやイム・チャンヨンの活躍と共に解けることを願いたい。

2012年7月3日

韓国のチケット購入、外国人には高い壁

今シーズン韓国を訪れた日本の野球ファンからこのような言葉をよく聞く。「野球を見に行ったけど、チケットが売り切れで球場に入れなかった」。

これは空前の野球人気の影響で、当日券の入手が難しくなっているのが理由だ。それならば事前にチケットを用意しておけば良いのだが、外国人にとって韓国のチケット予約には3つの高い壁がある。

ひとつ目の壁は言葉の問題。二つ目は「ネット上のチケット予約サイトに会員登録するには韓国国民に与えられている「住民登録番号」が必要だということ。そして三つ目はチケット購入時の「決済方法」だ。韓国では住民登録番号の有無の他に、決済時に使用できるクレジットカードが韓国国内で発行されたものに限られることが多い。このことが外国人にとってネックになっている。

仮に韓国の知人に予約を依頼したとしても、外国人はチケット窓口で入場券を受け取ることができない。なぜならチケット引き取りの際に予約者の身分証提示が必要だからだ。これらを解決できる唯一の方法に予約者自らがチケットを印刷できる「ホームチケット」があるが、先日ホームチケットを利用した詐欺行為が発生し、最近ではこれも利用できなくなってしまった。

それでは日本では野球のチケットを外国人が購入することはできるだろうか。巨人の場合、プレイガイドとは別に「チケットＧＩＡＮＴＳ」というインターネット上のチケット販売システムを導入している。読売新聞グループ本社広報部によると「チケットＧＩＡＮＴＳは２００８年からサービスを開始し、購入者に手数料が一切かからないサービスを実現した」という。チケットＧＩＡＮＴＳは会員登録の必要なく、クレジットカードやコンビニでの決済で購入が完了する。韓国のホームチケット同様に、印刷したチケット

のバーコードを入場口の機器にかざすことで入場でき、海外に住む外国人でも購入が可能だ。

では韓国で発生したようなホームチケットの詐欺行為について、巨人の担当者はどう考えているか。「偽造などが不安要素としてありましたが、バーコードによる入場管理を徹底しているため、具体的な問題はありません」と話した。

人気カードではオンライン予約したチケットを発券する窓口の前に長蛇の列ができる

「東京ドームでの巨人軍公式戦は日本のプロスポーツの中でも最高峰のエンターテインメントです。韓国から来日した大勢の観光客の方々にも是非ご来場いただきたいと思います」と巨人の担当者は話し、外国人でも気軽にチケット入手ができると話した。巨人以外にもパ・リーグはほぼ全球団が同様のシステムを使用する会社と契約し、スムーズな発券手続きが可能になっている。

「韓国の野球人気は我々の間でも話題になっています。日本の観客数が減少傾向にある中で、韓国の野球人気が参考になるかもしれない」と日本のある球団関係者は話す。両国とも野球への関心が絶えることなく、ファンにとってこれまで以上に気軽に野球場へ足を運べる環境がさらに整えばと思う。

2012年7月9日

先輩・後輩に見る日韓の違い

今シーズンは6月にキム・テギュン（ハンファ）とキム・ソンベ（ロッテ）、そして7月3日にはナ・ジワン（KIA）とキム・ヒョンス（トゥサン）によるグラウンド上での小競り合いが話題になった。どちらのケースももめた原因が「年下のくせに…」だったというのが韓国らしいところだろう。韓国は上下関係を重んじる。このことは韓国で活動する日本人コーチたちも就任後の早い段階で説明を受けることが多いようだ。

一方、日本球界の上下関係はどの程度、意識されているのだろうか。今年からオリックスでプレーするイ・デホ（30歳）は7月8日の試合前、こう話した。「ウチのチームの中でも後輩は先輩にきちんと挨拶します。日本でも先輩後輩の関係はしっかりしていますよ」。

先週、日本のプロ野球では先輩と後輩の間での「挨拶」が生んだある出来事があった。

7月5日の横浜DeNA対巨人。DeNAの先発投手、プロ2年目の加賀美希昇（23歳）は2回表、巨人の6番打者・高橋由伸（37歳）がこの日の初打席に入ると軽く会釈をした。加賀美にとって高橋は桐蔭学園高の大先輩だ。加賀美は試合後に「高校時代からすごいと思っていた選手と対戦できると思って会釈してしまいました」というコメントを残した。しかしその行動に対し、DeNA・中畑清監督は苦言を呈したという。「マウンドで挨拶したら対決では負けている。勝負に入ったら先輩、後輩はないんだから」。

高校野球部が53校の韓国に対し、高野連加盟校が4017校もある日本。しかし今回の高橋と加賀美のように、同じ高校の先輩・後輩が対戦するケースは決して珍しくない。例えば8日の千葉ロッテ対オリックス戦では千葉ロッテの先発オーダー10人中、3人が高校野球の名門・PL学園高の出身だった。PL学園OBの現役選手は日本球界全体で13人と3番目に多い巨大勢力だ。プロで活躍する選手の多くが強豪校出身であることから、野球部の数が多い割に同門選手が顔を合わせることは少なくない。

その一方で選手自身が母校の先輩の存在に気がつかないこともあるという。あるスポーツ紙の記者は言う。「オープン戦の時、新人選手が〝相手チームに○○校OBはいますか?〟と聞いてきます。そこで僕たちは選手名鑑を見て教えてあげるんです」。

最近の日本の上下関係について変化を感じる人もいる。PL学園出身で「PL学園OBはなぜプロで成功するのか?」の著者でもある橋本清氏（43歳／元巨人投手）はこう話す。「僕が若い時は先輩に挨拶するとき直立不動でしたが、最近は軽く頭を下げる程度ですね」。

橋本氏は高校の先輩・後輩の関係について「試合になったら先輩後輩は関係なく、真剣勝負するのがプロです。例えば先輩のバッターが〝内角に投げるな〟と言っても、勝つためには投げなきゃダメです。反対に後輩のバッターにぶつけてしまった時でも、ピッチャーは帽子を取って謝りますよ」。

日韓の上下関係の違いについて、2010年にSKの二軍投手コーチを務めたオリックス・赤堀元之コーチは「韓国ではチーム内で問題があるとコーチが先輩格の選手に指摘して、先輩が後輩を叱るというのを何度か見ました。これは日本にはないですね」と話した。

先輩と後輩の関係は人とのつながりや規律を守るために欠かせないものだ。しかし「グラウンド上では関係のないもの」というのが日本では共通の認識になっている。

韓国の野球トト、日本の手本になるか

先日、韓国の記者からこんな質問をされた。「日本には野球ｔｏｔｏはないのか？」

２００１年10月から始まった韓国の体育振興投票券、いわゆるスポーツｔｏｔｏは野球、サッカー、バスケットボール、バレーボール、ゴルフ、シルム（韓国相撲）などのプロスポーツを対象としている。一方で２０００年11月から始まった日本のｔｏｔｏは、その対象競技がプロサッカーのJリーグしかない。

ｔｏｔｏの対象種目が多様な韓国は、２０１１年の公益基金の総額が約５４１７億ウォン（約５４１億円）に上るが、日本でｔｏｔｏの収益によってスポーツ振興に配分される助成金は約１６６億円だ。日本のｔｏｔｏの規模は韓国に比べると小さいことがわかる。

そんな中、日本でも去る7月、超党派の国会議員によるスポーツ議員連盟の会合で、プロ野球をｔｏｔｏの対象にする「野球くじ」の導入を検討する方針が示された。その理由として、東京都が誘致を目指している２０２０年のオリンピックに備え競技場の改修費用を捻出するためとしている。

韓国の場合、スポーツｔｏｔｏ公益基金の10％が発行対象の競技主催団体に配分される規定があり、２０１１年は韓国野球委員会（ＫＢＯ）に約１００億ウォンの支援金が配分された。一方、日本の収益配分は、その時の対象事業によって異なる。日本ではもしプロ野球がｔｏｔｏの対象になったとしても、その基金が野球に何％配分されるという規定は現時点ではない。

韓国のｔｏｔｏはスポーツ振興にプラスになるのは当然のこと、競技主催団体にも明確な収益になるという点が、日本との大きな差だと言える。

このようにｔｏｔｏについて調べてみると、ひとつ興味深い点があった。それは韓国のスポーツｔｏｔｏ

の種類のひとつであるＰｒｏｔｏ（プロト）に、日本のプロ野球の試合が対象になっているということだ。

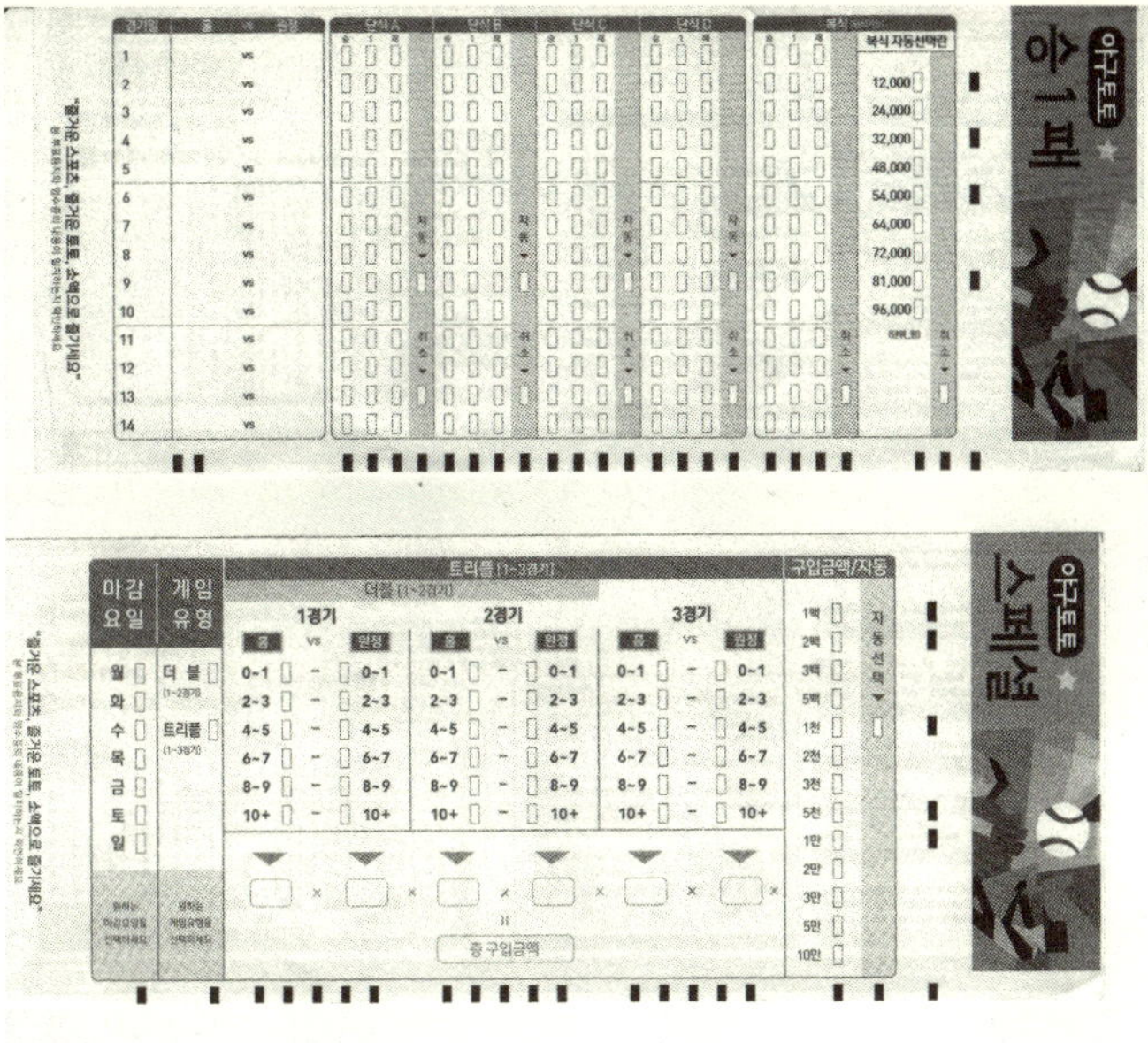

韓国の野球totoの投票用紙

このことについて日本プロ野球の主催団体である日本野球機構（ＮＰＢ）に問い合わせると、「韓国で日本プロ野球がスポーツくじの対象になっていることを今、初めて知った」と驚きの反応を示した。また競技主催団体に配分される公益基金について、ＮＰＢ事務局は「そのこと自体が初耳なので、収益の配分は当然ない。イギリスのブックメーカーと同じように、こちらでは関知していない部分」と話した。

日本のｔｏｔｏが拡大された場合、「イギリスのプレミアリーグなども対象競技として検討する方針」と、スポーツ議連は表明している。海外の競技を含めた数多くの種目をスポーツくじの対象にしている韓国は、スポーツｔｏｔｏに関しては日本にとって先輩と言える存在だ。もし今後、日本がｔｏｔｏの拡大を進める場合、韓国の事例を参考にする可能性もあるだろう。

…それから…

日本での「野球くじ」導入構想だが、２０１５年10月に発覚した、巨人の一部選手による野球賭博問題によって実現に向けた動きは大きく後退した。

2012年8月21日

日本の球団が狙う、来季の助っ人は?

今季の公式戦もシーズン終盤を迎え、各チームの残り試合が30試合程となった。この時期になると忙しくなるのが日本の球団の海外担当スカウトだ。

セ・リーグの球団の国際担当スカウトは現在韓国でプレーしている選手の中で、注目している選手の名を2人挙げた。「まず左腕のシェーン・ユーマン(32歳/ロッテ)です。カットボールが良く、安定した防御率(2・35、2位)を記録しているので、先発投手として期待できます。2番目はマリオ・サンティアゴ(27歳/SK)。今は左膝をけがしていますが、150キロのストレートは魅力的ですね」。挙がったのはいずれも韓国の選手ではなく助っ人選手だった。

このスカウトは選手を注目するポイントについてこう話す。「日本の他の球団もほとんど同じですが、外国人選手に求めるのは投手なら先発か抑えのいずれかを任せられる能力があること。バッターの場合、一発があることです。今年、FA権を得る韓国人選手の中に獲得を検討している選手はいません。韓国でプレーする外国人選手を中心にチェックしています」。

スカウトたちは獲得対象となる選手が決まると、その後、どのように動くのか。「選手は現所属球団と契約しているので、具体的な交渉はできません。そのため僕たちは自分の球団の幹部に報告を上げて、その判断によって動きを決めることになります」。

毎年、韓国の人材をチェックしている日本の球団がある一方で、球団の方針で韓国の選手市場に手を伸ばさなくなった球団もある。パ・リーグのある球団スカウトはこう話す。「今年、フロント人事に動きがあって、韓国は調査対象から外れることになりました。去年までは韓国によく行っていましたが、今年は行っていません。以前は台湾との関わりが深く、韓国とも密接だった時期もありました。しかし今の球団フロント

日本の球団スカウトは韓国でプレーする外国人選手に熱い視線を向ける

は韓国に興味がありません。もし韓国にいい選手がいたとしてもウチの球団が獲りに行くことはないです」。

また球団によって差が出る点に選手に提示する年俸がある。前出のセ・リーグ球団のスカウトは「ウチの場合、年俸1億円（約14億2,000万ウォン）以上は厳しいです。それ以上出せるという他の球団もありますがウチはマネーゲームをしません。獲りたい選手が今の所属球団とどのような条件で契約しているかを探って、シーズン終了後に選手と交渉する際に、インセンティブ（出来高）をどうやって契約条件に含めるかを考えます」。

いい選手の場合、球団間で争奪戦になることもある。スカウトは他球団の同業者をどう見ているのか。「お互いどの選手に興味があるかはだいたい分かっています。それぞれ獲りたい選手に大きな差はないので、内緒にすることもありません。獲りたい選手を獲れるかどうかは球団上層部の交渉力が左右します。今年に関して言うと、関心の大きさに差はありますがどの球団もユーマンとマリオに興味があると思っていいでしょう」。

これから迎えるシーズン終盤は選手だけではなく、国際担当のスカウトにとっても重要な時期となる。

2013年1月1日

韓国スタイルのファンサービス、日本での導入は？

史上初となる観客動員数700万人を突破した2012年の韓国プロ野球。その要因には野球に対する関心が高まったこともあるが、各球団の多彩なファンサービスにより野球ファン以外が気軽に球場に足を運ぶようになったのも理由のひとつだ。

そのファンサービスに代表される韓国の野球文化について、ここ最近、日本で紹介される機会が続いている。昨年10月19日、NHK―BS1で「若者を逃すな～いま韓国プロ野球が熱い～」という50分間の番組が放送された。この番組では韓国の野球熱について取材映像を元に紹介し、各球団がファンサービスに対して努力する姿も伝えられた。特に観客を飽きさせないためのイニング間のイベントについても着目していた。

また先週、名古屋のラジオ番組には、昨季までサムソンで投手コーチを務めた落合英二氏（43歳）が出演し、韓国の球場のイニング間のイベントについて詳しく説明した。落合氏は「3回のイニング間にはキスタイムがあります。ビジョンにカップルが映し出されると、キスをせざるを得ない雰囲気になって大半のファンがキスをします。その2人が恋人同士じゃない場合、〝違う〟という反応をすれば、すぐに次のカップルが映ります。そしてそのコーナーの最後には年配の夫婦が出てくるというのがオチになっていて面白いですね。他には両チームのファンがビールの一気飲み競争をすることもあります。韓国は日本に比べて、観客を楽しませる努力をしています」。

落合氏の話を聞いたアナウンサーは「ナゴヤドームでもやったら面白いですね」と言って盛り上がっていた。

また昨季トゥサンでヘッドコーチを務め、今季日本球界に復帰した千葉ロッテの伊東勤監督（50歳）は記者団との会話で、「韓国は選手とファンの関係が近い。

ウチのチームにとって、ファンサービスの参考になるかもしれない」という話をしたという。千葉ロッテは2年続けて観客数が減っている。韓国スタイルのファンサービスが集客回復にひと役買うかもしれないという言葉だった。

韓国のイニング間イベントでは定番のキスタイム。観客にためらう様子はない

　その伊東監督はトゥサン在籍時に、「日本の野球は〝試合〟だけど、韓国は〝興行〟だね」と話していた。これは「韓国の試合には真剣味が不足していて、もっとゲームの内容でファンに興味を持たせなければ」と指摘したものだったが、リーグ全体の観客数が前年度に比べて約2％減少している日本において、韓国のようなイベント的要素の導入もファン拡大のためには検討する必要があるようだ。

　しかし日本の場合、イベント的なファンサービスがすべてのファンに受け入れられるとも限らない。「イベントが増えると、試合に集中できない」というコアなファンの意見も少なくないからだ。これは伊東監督が話したような興行的部分よりも、ゲーム内容の充実を求めるファン層がそれに当たる。

　ファンサービスのエンターテインメント性と試合の魅力との両立。このバランスをいかに保つかを、今の日本球界は考える時期にあるようだ。

2013年6月11日 日本の球団が、韓国のマーケティング戦略から得るもの

6月の初め、パ・リーグ3球団のマーケティング担当部長たちがソウルのモクトンとチャムシル、インチョン・ムナクの3球場を訪れた。彼らの訪問は昨年のプサン、テグ球場に次いで今回が2回目。彼らの韓国訪問の目的は、「韓国球団のマーケティング手法を知るため」だ。

日本の球団のマーケティング部長が韓国の球場を訪れたと聞いて、いくつかの疑問を抱く人もいるだろう。ひとつ目は「なぜ異なる球団の関係者が集まって韓国を訪れたのか?」ということ。そしてもう一つは「日本より歴史の浅い韓国球界から得るものがあるのか?」ということだ。

最初の疑問だが、パ・リーグは効率化とファン拡大のため6球団が集まって「パシフィックリーグマーケティング」という会社を2007年に設立している。そのため各球団は事業面での交流が進んでいるのが理由だ。

二つ目の疑問については、最近の日本球界の現状と関係がある。近年、日本プロ野球の観客数は横ばいまたは減少傾向にある。そしてファンの高齢化も問題視されている。そこで今回訪問した3球団のマーケティング部長は、現状打開のヒントが韓国にあるのではないかと視線を向けたのだった。韓国はこの数年観客数が増加。特に多くの女性ファンが球場に足を運んでいるのが特徴だ。

最初に訪問したネクセンが本拠地にするモクトンでは、試合後に応援ステージ上に選手が登場。それをファンが写真に収め、すぐさまSNSにアップする姿を見て、「ファンが気軽に魅力にハマるサービスが成立している」と彼らは感心していた。

2日目に訪れたチャムシルではLGが女子大学生を対象に特別講義をしているという話を聞き、「日本で

は野球のルールを知っている中年のファンが来場者の大半だが、女子大生を新しいターゲットとして野球を教えるという観点にびっくりした」と話した。

最終日に訪れたインチョンではＳＫ球団が行っている「ＳＱ（スポーツ指数）教育」に高い関心を示していた。ＳＱ教育は地域の子供たちに提供しているスポーツを通した教育プログラムで、現場を見た彼らは「日本でもこのようなことを考える人はいるかもしれないが、実際にやるのは簡単なことではない。プロチームとしてとても理想的な姿だ」と話した。

今回の参加者の一人は日本の球団事業部が抱えている悩みをＳＫのミン・ギョンサム団長に語った。「日本の場合、マーケティングチームが試合前にファンサービスをしようと思っても、選手側に試合準備があってできないケースが多い。韓国はどうですか？」

プロ選手出身のミン・ギョンサム団長はこの質問に対して、「日本の選手の気持ちは１００％理解できる。試合に勝つことはもちろん重要だが、選手と球団フロントのお互いがバランスをとらないといけない。ウチのチームの場合、その部分がよく噛み合っていると思う」と話した。するとと日本の球団関係者は「うちにはそういうスタンスがない」と残念がった。

彼らは日本の現状をこう話す。「球団の中に危機感を抱く人はいるものの、韓国から学ぼうという人はいない。それは慢心ではないだろうか」。

今後、日本の球団が新たに取り組む施策の中には、韓国の影響を受けたものが登場するかもしれない。

2013年7月2日

日本側から見る日韓の野球中継の違い

最近、動画共有サイト・ユーチューブではSPOTVが提供する、韓国プロ野球のハイライト映像を見ることができる。これによって日本人が韓国プロ野球の映像に触れる機会がわずかではあるが増えている。

北海道日本ハム球団の事業担当者もユーチューブを通して韓国の中継映像を目にした一人だ。この担当者は韓国の中継を見てこんな感想を持ったという。「日本と少し感じが違う。野球のスタイルではなく映像から受ける印象が違うんです。韓国は様々な角度から選手やプレーを映す画像が多いので、日本よりカメラの台数が多いのかもしれません」。実際に韓国のカメラ台数は日本よりも多いのか。

韓国の放送局、MBCプラスのアン・ジンヒメディア広報マーケティングチーム長に聞くと、「野球中継のカメラは11台を基本として状況によって3～4台増やしている」という。

一方、主に巨人戦を中継する日本テレビの野球中継ディレクターは次のように話した。「東京ドームでの中継の場合、最大20台までカメラを使います。しかしこれらすべてをゲーム映像に使うわけではなく、天井から吊るしてあるカメラと、両チームのブルペンに設置した無人カメラ、そして場外の風景を映すカメラを含めた数が20台です。最近では20台すべてを使うことはあまりありません。グループ内のCSチャンネル(G+)で中継する場合、使用するカメラは予算面を考慮して10～12台程度です」。日韓の野球中継で使用するカメラ台数はほぼ同じか韓国の方が若干多いようだ。

それでは日本ハム関係者が感じた日韓の中継の違いに、カメラ台数以外の要因はあるのだろうか。アン・ジンヒチーム長に聞くとこう話した。「私たちはスーパースローやウルトラスーパースローなどで、投手の

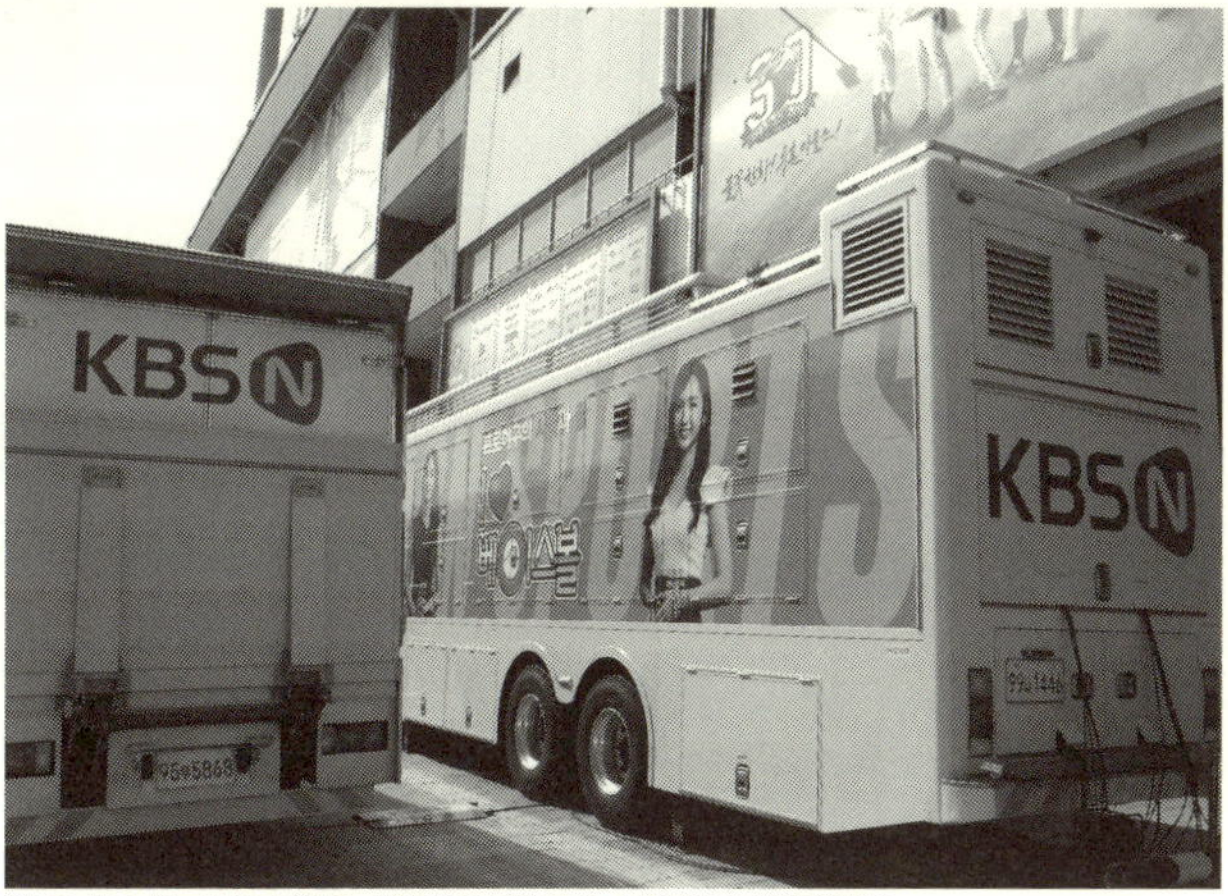

KBS Nスポーツの中継車。韓国の放送局の中継車には解説者やハイライト番組の出演者がラッピングされていることが多い

リリースポイントや打者が打つ瞬間を、様々な角度から繰り返し見せています。そこが違いだと思います。映像が多彩なのでカメラの台数が多く感じたのではないでしょうか」。

一方、日本テレビのディレクターは日本の中継演出についてこう話す。「元々日本はリプレイをあまり繰り返しません。特にウチの局は他局よりも少ないです」。

最近、韓国では審判の微妙な判定が話題になっている。そのため判定を巡って何度も同じシーンが繰り返し流されることが少なくない。しかし日本の場合、国際大会や大きな試合を除き、リプレイによって判定の正否を言及しないのが一般的だ。そのあたりの考え方の違いも映像の見せ方に表れている。

また韓国の野球中継は、視聴者が見たい場面、感動的な姿にフォーカスを合わせ積極的に映し出そうとする。そんな映像が日本の球団関係者には新鮮に映ったようだ。

近年の日本ではCSチャンネルの野球中継制作に球団が参入しているケースが多い。今回のように韓国の中継に関心を持った球団関係者によって、今後、韓国の中継演出が日本に影響を与える日も来るだろう。

日本の野球中継、韓国が変革のきっかけになるか

9月4日から3日間、韓国のスポーツ専門チャンネル・SBSスポーツのプロ野球中継の現場に北海道日本ハムの球団職員と、日本ハムの中継を担当する放送関係者13人が訪れた。今回の訪問は日本ハム側の「もっと若者に受け入れられるような洗練された中継映像を作りたい」という相談に、SBSスポーツが応じたことで実現した。

日本の野球中継事情は韓国とは異なる。日本は全世帯の約9割がケーブルテレビに加入している韓国と違って、地上波の比重が大きい。だが地上波での野球中継の回数は年々減少していて、野球に関心がない人、特に若い世代が野球に触れる機会が少ないという現実がある。結果的に日本の野球中継は、有料契約を結んでいるコアな野球ファンを対象にしている。それゆえにプレーをじっくり見せる落ち着いた映像演出が一般的だ。

そんな中で日本ハムが本拠地とする北海道は少し状況が異なる。北海道ではホームゲームのほとんどが地上波で中継されている。視聴率は約10％を維持する程、恵まれた環境だ。しかし球団側はそのことに満足せず、新しいファン層を開拓しなければ未来はないと考えている。

日本ハムはホームゲームの映像を球団とスポーツ専門局が一緒に制作し、地上波局に提供している。今回の韓国訪問は球団と各放送局がライバルとしてではなく、良きパートナーとして集まって視察に訪れた。

彼らは韓国の中継現場を見て、日本と大きく二つ違いがあると話す。一つ目は機材だ。日本ハム関係者は「日本の場合、カメラ台数が7～8台で地上波の場合それに2、3台追加するが、韓国は常に13台を使用している」という。また機材の使い方も異なると話す。「日本は試合の状況を伝えようとランナーや守備位置

など、全体的に見せる画面が多いが、韓国は対決にフォーカスを合わせた映像が多いように思う」と話した。

二つめは人材だ。日本ハムの関係者は違いをこう指摘する。「韓国は主に4つのスポーツチャンネルが中継をするので、1社が年間100試合以上、中継を担当しています。だからスタッフの経験が豊富で高い技術を持っています。特にスローマン（スローモーションの操作をする映像スタッフ）がすぐに映像を準備する技術は日本ではなかなか見られない」と韓国の中継スタッフの技術力と熟練度を高く評価した。

一方で日本ハムが制作した中継映像をSBSスポーツのディレクターが見て、意見を交換する機会もあった。その映像は今年8月の試合だったが、それを見たディレクターは「私が2006年にイ・スンヨプ選手がいた巨人戦の中継を観た時と今とでは、変化がなく退屈に感じます。また選手のアップが無いので、チームの中で誰がスター選手なのかわかりません」と正直な印象を話した。

その言葉を聞いた日本ハム側は「正直、プライドが傷ついた」とこぼした。しかしこのディレクターの発言をきっかけに、両者の意見は活発になり価値ある交流の場となっていった。

今回の韓国訪問を企画した日本ハムの事業統括副本部長は「日本にいると客観的に見ることができません。そこでメジャーリーグを参考にしようとすると〝そもそも文化が違う〟という理由で、周囲の理解がなかなか得られません。ということで日本と近い感覚を持っている韓国を知ることで、放送局のスタッフに刺激を与え、その結果、映像改革につながることを期待しています」と話した。

日本ハムは今後、韓国に比べて足りないと感じた機材や人材強化に向けて投資をする予定だ。韓国で刺激を受けた結果が、今後日本ハムの中継にどんな変化をもたらすだろうか。

2014年1月14日

コチョクドームのアクセスと規模に問題なし

日本人から尋ねられる韓国プロ野球に関する質問で、この数年間で最も多かったのは「韓国にドーム球場はないのか?」だった。若い人からは「韓国にドーム球場はいくつありますか?」と聞かれることもある。日本には当たり前のように存在しているドーム球場。しかし韓国にはまだドーム球場はない。

現在、ソウル市クロ区コチョク洞では来年2月完成予定で韓国初のドーム球場となる、西南圏ドーム球場(以下、コチョクドーム)の建設が行われている。このコチョクドームに関しては多くの野球関係者から、「交通の便が悪い」、「規模が小さい」という良くない評判ばかりが聞こえてくる。そこでそれらの評価は本当に正しいのか。先週、コチョクドームの建設現場を訪れた。結論から言うと、評判ほど悪い球場という印象はなかった。ソウル市が政治的な理由で球界との協議を持つことなく立地を決め、幾度も設計を変更するという問題はあったが、充分に利用価値のある球場だと感じた。まず交通の便だが、車を利用する場合、渋滞が懸念されるが観客の多くは地下鉄を利用することだろう。ソウル地下鉄1号線クイル駅のプラットホームに降りるとすぐにコチョクドームが見える。立地は悪くない。しかし、ホームからドームは近くに見えるが改札口はひとつしかなく、ドームに行くにはアニャン川の上にかかるコチョク橋側に迂回しなければならない。駅からドームまでは徒歩10分程度かかる。少し不便な感じもするが、日本のドーム球場のすべてが地下鉄駅から近い場所にあるわけではない。福岡ヤフオクドームは駅から徒歩約12分、札幌ドームも10分程度かかる。ナゴヤドームは2000年に徒歩5分のところに新しい駅ができたが、1997年の開業時には最も近い駅から15分歩かなければならなかった。

一方のコチョクドームのアクセスに関しては改善で

きる方法がある。それはクイル駅のアニャン川対岸に改札口を新設することだ。工事費用の問題もあるがドームがオープンすれば地下鉄利用者の増加が見込めるため、無駄な工事にはならないだろう。日本では日本ハムが札幌ドームに本拠地を移転した後、ドーム最寄り駅に行くための札幌市営地下鉄の利用者が増加し、黒字転換したという事例がある。

建設中のコチョクスカイドーム

　二つめは規模についてだ。昨年、チャムシル球場とインチョン・ムナク球場を訪れたある日本の球団マーケティング部長は「2万7000席が興行を行うのに適切な規模だ」と話していた。

　日本には収容規模が4万人を超える野球場があるが、巨人の本拠地・東京ドームを除くと毎試合満席というわけではない。日本の球団関係者は空席問題が悩みだと話し、「空いている席が目立つと印象が悪いので、当日券を販売する場合はあえて分散して売るようにしている」と話す。京セラドーム大阪では、多くの試合で2階席をシートで覆って空席を隠す手段を採っている。

　球場の規模が大きいと冷暖房費や人件費にも跳ね返ることから、2万席程のコチョクドームの規模は否定的な面ばかりではないようだ。ドーム球場の最大のメリットは気候の影響を受けずに試合ができるということ。特に寒い時期に行われる国際大会が誘致できるということは魅力だ。交通の便や規模への不満よりも、世界の野球の発展に寄与できるという点がコチョクドームにとって最大の長所ではないだろうか。

…それから…

　コチョクスカイドームは当初の予定より遅れて、2015年秋にオープン。その際には本コラムで指摘の通り、クイル駅に新たな改札口が設置され球場へのアクセスが便利になった。そして2017年3月にはコチョクスカイドームでWBC1次ラウンドが初開催される。

2015年12月16日

コチョクドームと野球の観光商品化の関係

日本で韓国プロ野球を紹介している筆者にとって、来年2016年は大きな転換期となる。それは韓国初のドーム球場・コチョクスカイドームが完成するからだ。コチョクスカイドームについて韓国国内では規模や設備、立地問題などあらゆる批判があるが、気候の影響を受けずに試合ができるという最大の長所がある。それはプロ野球の試合を観光商品として安定的に提供できるということを意味する。

先週筆者はプロ野球の試合の観光商品化提案のため、韓国観光公社東京支社を訪ねた。そこで韓国観光公社の女性広報担当者は、最近の日本人観光客の傾向についてこう話した。「最近はインサドン（仁寺洞）での伝統酒作りや、イテウォン（梨泰院）の経理団通りでおいしいお店を探すのが流行っています。買い物も依然人気がありますが、例えばトンデムン（東大門）に行ってもも有名なショッピングビルに行くことよりも、自分が好きな商品を扱っている小さな店を探すようです」と話した。以前であればミョンドン（明洞）が日本人にとって最も代表的な観光地だったが、最近では好みが細分化しているとのことだ。

その背景には日本人観光客の減少があると担当者は話す。「日韓関係悪化とマーズウイルスの影響で2012年に約351万人だった日本人の訪問者は、今年200万人程度まで大きく落ち込みました。現在、韓国を訪問する個人旅行者の約70％はリピーターの女性たちです。彼女たちは一般的な観光コースのNソウルタワーやハンガン（漢江）クルーズなどは既に知っているので、〝新しい楽しみ〟を求める傾向にあります」。

彼女たちが考える〝新しい楽しみ〟の共通点には〝直接体験できること〟と〝自分で探す楽しさ〟があるという。その点では野球も楽しさを感じられるものではないだろうか。野球場では直接試合を見て、日本とは異なる応援を体験することができ、日本と違うところを探す楽しみもある。ということから韓国プロ野球の試合が日本人女性観光客の興味の対象になりうる。

この筆者の仮説に対してその担当者は「でも韓国によく行く女性観光客に韓国プロ野球の認知度は高くありません」と答えた。プロ野球は1球場当たりのホームゲームが72試合行われ、常に1万人以上集まる韓国で一番人気があるイベントだ。しかしそれを韓国に興味がある日本人女性観光客があまりよく知らないというのは残念でならない。

コチョクスカイドームの完成は観光客に対してのプロ野球の認知度向上と、新しい観光商品の創出の契機になると筆者は考えている。今後このことに対しての理解を各方面に広めていきたいと思う。

2015年秋に完成した、コチョクスカイドーム

2014年1月28日

日韓16球団集結の沖縄、経済効果は?

1月15日に韓国の各球団が今年の春季キャンプをスタートさせたのに続き、2月1日から日本の球団もキャンプインした。そのうち日本の10球団（楽天、千葉ロッテ、オリックス、日本ハム、巨人、阪神、広島、中日、DeNA、ヤクルト）と韓国の6球団（サムソン、LG、ネクセン、SK、KIA、ハンファ）が沖縄に集結する。人口約140万人の沖縄県に16のプロ球団が集まるということだ。

キャンプ王国・沖縄。その沖縄にとってプロ野球キャンプによる経済効果はどのくらいあるのか。

沖縄のシンクタンク、りゅうぎん総合研究所によると沖縄県は昨年、春季キャンプによって81億6100万円の経済効果があったとしている。球団別に見ると巨人が17億1600万円で1位、阪神が16億6700万円で2位だった。産業別では宿泊業が最も多く恩恵を受け、製造業と飲食業がそれに続いている。

それでは韓国の球団が沖縄に与える経済効果はどの程度だろうか。沖縄県の調査資料によると、2012年4月から2013年3月までの1年間に沖縄に訪れた韓国人は4万5100人。昨年より73・5%増加している。年間で訪問者数が最も多かった月を見ると、2月の8600人が最高だった。2月と言えばプロ野球キャンプの時期だ。しかしその内訳はキャンプを目的に沖縄を訪れた人たちとは限らない。沖縄県の観光関係者は「旧正月の連休を利用して多くの韓国人が温暖な沖縄を訪れたのではないか」と話す。

韓国球団のキャンプの場合、キャンプを観るために訪れる人の経済効果は日本の球団には遠く及ばず、選手や球団関係者らの宿泊費用が沖縄での主な経済活動だ。その他に宿泊業が得られる収入には飲食費用もある。あるホテルは韓国2球団のランチの準備を請け負っている。このホテル職員は「元々は1球団だけ担当

温暖で多くのチームが集まる沖縄はまさにキャンプ天国だ

していたが、料理が韓国人の口に合うという評価をもらってもう1球団請け負うことになりました」と話す。このホテルから担当球団が練習を行う野球場まで30キロも離れているが、「距離は問題ない」と、選手、関係者40〜50人分の温かい食事を日々球場に運んでいる。

その他の業種ではクリーニング業も見逃すことができない。りゅうぎん総研によると昨年2月の1ヶ月間で各球団がクリーニング代として支出した額は7600万円だった。キャンプ期間中は毎日、ユニフォーム、アンダーシャツ、ソックスなどたくさんの洗濯物が出る。それら大量の衣類の洗濯をクリーニング業者が請け負っているのだ。クリーニング業者によると2月は1年全体で見てもかき入れ時で、クリーニング業界にとっては嬉しい忙しさだという。

2月下旬には韓国各球団が主催するファンのキャンプツアー一行が沖縄を訪れる。円安によって韓国からの観光客の財布のひもも緩むことだろう。韓国球団のキャンプは日本の球団がもたらす経済効果に比べると規模は小さいが、韓国球団の恩恵を受けている人たちも存在している。

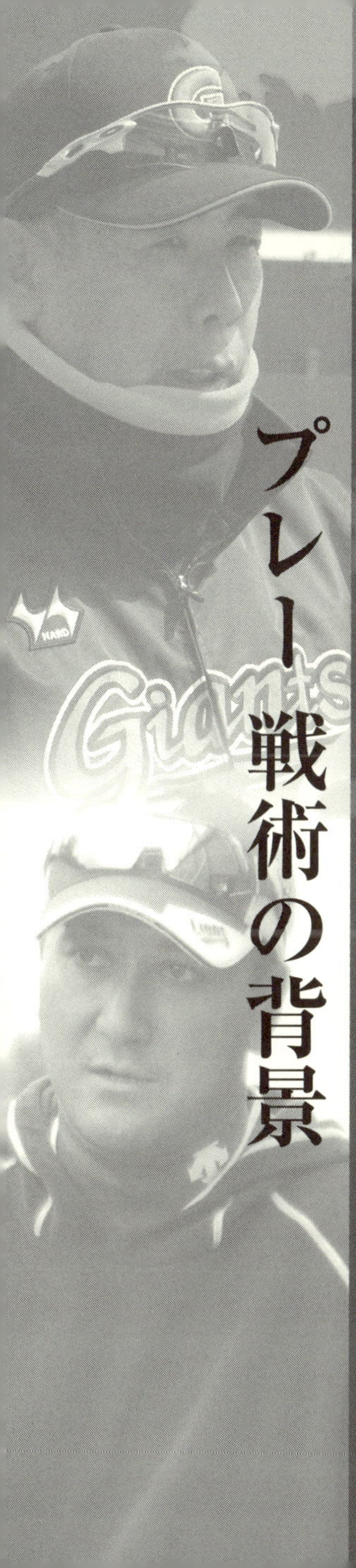

プレー戦術の背景

「引き分け＝負け」を、記録の専門家と考える
2009年5月12日

制球力向上に必要なブルペンでの心得
2010年3月2日

シュート？　ツーシーム？　奥深い変化球の世界
2010年5月27日

外野手のグラブに秘密あり
2011年8月30日

日本の開幕投手へのこだわり
2012年3月27日

サムソン、代走が盗塁しなければサヨナラ勝ちした？
2013年10月29日

カウント3ボール0ストライクでの判断は？
2014年11月11日

韓国に「代打の神様」は現れるか
2015年2月24日

捕手を見ないで投げる投手たち
2015年3月10日

「ミロチギ」に含まれる意味
2015年6月2日

2009年5月12日

「引き分け=負け」を、記録の専門家と考える

今シーズン韓国プロ野球に導入された、引き分けを負けと同等に扱う勝率計算方式。これについて、日本プロ野球の記録の専門家はどう見ているか。パ・リーグで20年間記録部長を務め、週刊ベースボール誌で「記録の手帳」を現在まで2472回連載している、千葉功氏（74歳）に話を聞いた。

千葉氏に今年の韓国の勝率計算方式が「勝利数÷試合数」であることを伝えると、「なんでそうなったの？」と驚きの表情を見せた。「日本でも引き分けを0・5勝として計算したことはあるが、負けと同じに扱ったことはない」という。パ・リーグでは1956～58年、61年に引き分け=0・5勝で計算したことがあった。しかしこの方法だと、勝率5割以上のチームが引き分けると勝率が下がり、勝率5割以下のチームは勝率が上がるという不公平が生じてしまうため、その後廃止された。

では、昨年のように延長無制限にすべきだろうか？それについて千葉氏は「日本や韓国のように、観客の多くが公共交通手段を使う国は、自家用車で野球場を訪れるアメリカのように、決着が着くまで試合を行うのは難しい。そのため、延長12回ないし13、15回と制限を設けるのが適当で、引き分けが生じることはやむを得ないことだ」と話した。

引き分け、そして勝率計算方法。それらは順位争いが激しくなった時に重要さを増す。

パ・リーグは1988と89年、2年続けてし烈な首位争いが行われた。88年の西武と近鉄、89年の近鉄とオリックスの1位、2位の最終ゲーム差は0。勝率わずか1厘での決着だった。89年に至っては、1位から3位の西武まで0・5ゲームの中に3チームがひしめく大激戦だった。この両年共に優勝チームの成績は、2位チームより勝利数、敗戦数がひとつ少なく引き分

元パ・リーグ記録部長で「記録の手帳」の連載が2500回を超えた千葉功氏

けが2つ多かった。もしこの時、「勝利数÷試合数」の勝率計算方式が導入されていたら。88年の優勝は西武ではなく近鉄、89年の優勝は近鉄ではなくオリックスとなる。

千葉氏は「引き分けと負けが同じなのは理解できない。この方式は1年でやめた方がいい。韓国のマスコミは反対していないの？」と首をかしげていた。

引き分け＝負けの勝率計算方式が秋にどんな結末を生むのか、興味深く見守りたいと思う。

…それから…

２００９年、１位ＫＩＡと２位ＳＫのゲーム差は１。もし引き分けを試合数から引く、一般的な計算方法だったら１位はＳＫになっていた。「引き分け＝負け」の計算方式は２０１０年限りで終わり、２０１１年からは「勝利数÷（勝利数＋敗戦数）」の従来通りの形に戻った。

2010年3月2日

制球力向上に必要なブルペンでの心得

「日本人投手はコントロールがいい」。

韓国の野球現場でよく聞く言葉だ。今年、日本球界入りしたキム・テギュン、イ・ボムホはもちろん、どの野球関係者と話をしていても、日本人投手というキーワードが出ると、続けて出てくる言葉は「コントロールがいい」だ。では、日本人投手に制球力がある理由は何か。

今年2月、各球団のキャンプ取材をする中で、韓国と日本の投手の差について話を聞く機会が多かった。聞いた話を整理すると、ある共通点が浮かび上がってきた。それは「ブルペンピッチングの心得の差」だ。

サムソン・落合英二投手コーチ（40歳）は今年の春季キャンプを前に投手陣に1枚のプリントを配った。そこには投手としての心構えが5段階に分けて記してあり、その中のひとつがブルペンでの練習方法だった。

落合コーチは日韓での違いをこう話す。「日本ではブルペンでボールを投げる時、一般的に最初は高めにだいたいの位置にボールを集めて、徐々に投げたいコースに意識を持って行き、的を小さくしていきます。しかし、韓国のピッチャーはいきなり外角低めに投げようとするんです。それには違和感があります」。

他の日本人投手コーチは、韓国の投手がブルペンでの投球を軽視していると指摘する。「〝何球投げたか？〟ではなく、〝きょうはどんな球をどう投げるか〟を考えてブルペンのマウンドに立たないとダメだ」。

実戦を想定した練習が不足しているという意見だった。

またSKの門倉健（36歳）も韓国の投手のブルペンピッチングを見て首をかしげる。「いきなり初球から変化球を投げるピッチャーもいます。またコーチから〝何球投げろ〟と言われたら、その球数だけ投げて終わってしまいます。自分の納得がいく球を投げて終わらないと意味がないと思うんです」。

投手陣を見つめるサムソン・落合英二投手コーチ

門倉は韓国の投手の試合直前のブルペンピッチングについても理解できない点があるという。「試合前、僕の場合だとまずアウトローに10球。インローに10球。次に変化球を2、3球ずつ。変化球の中で調子が悪いボールを修正したあと、バッターを想定して投げます。こういう組み立ては日本の投手なら誰でもしますが、韓国の投手は決めた球数を投げることしかしない。ブルペンで考えて投げるだけでも、立ち上がりのコントロールが良くなるはずです」。

「韓国の投手もブルペンでの意識を少しでも変えれば、日本の投手ように制球力が良くなる」というのが日本人コーチ、選手の共通した見解だ。

2010年5月27日

シュート？　ツーシーム？　奥深い変化球の世界

投手にとって打者を抑えるために欠かすことのできない変化球。その球種は国によって意味や呼び方が異なる場合がある。その中にシュートという球種がある。

シュートとは一般的に人差し指と中指をボールの縫い目の上に置き、人差し指に力が入るように投げる。ボールを自身の外側方向に押し込むようにすることで、右投手の場合、右打者の内角に食い込むような球となる。シンカーと同様に分類されるが、日本では落ちるように変化するのがシンカーで、横に動くのがシュートと表現されることが多い。

先週、千葉ロッテのキム・テギュン（27歳）はそのシュートを決め球とする西村健太朗（巨人）、朝倉健太（中日）の2人の先発投手と対戦した。結果はどちらの投手からもシュートをうまくさばき快打を放った。西村から放ったホームランは少しタイミングが速くバットが出たようにも見えたが、キム・テギュンはそれをこう説明した。「タイミングが速かったのではなくて、ヘッドを利かして打ったからそのように見えるんです」。キム・テギュンは厳しいシュート攻めを技術で攻略した。

一方、韓国ではシュートを決め球に使う投手は稀だ。昨年までSKで打撃コーチを務め、5月23日にヤクルトの打撃アドバイザー就任が決まった伊勢孝夫氏（65歳）はこう話す。「韓国でシュートを投げる投手の印象はないな。日本では日本ハムのダルビッシュ（有）、楽天の岩隈（久志）、田中（将大）といった日本を代表するような投手はみんな投げられる。対処するのは難しい球種だよ」。

打者にとって対処が難しく、好投手たちが持ち球にしている球種・シュート。しかし韓国で投げる投手が少ないのはなぜか。それについて、SKの門倉健（37歳）は「シュートはひじを痛めやすいという認識があるのでアメリカでは教えません。その影響だと思います」と話した。実際、アメリカにはシュートという球種はなくシンキングファーストボールがそれに近い球種とされている。

そんな中、2009年のワールド・ベースボール・クラシック（WBC）でシュートが高く評価された韓国人投手がいる。それはKIAのユン・ソクミン（23歳）だ。そのユン・ソクミンのシュートについてキム・テギュンに聞くと意外な答えが返ってきた。

パワーだけではなく高い技術に日本でも評価が高いキム・テギュン

「（ユン）ソクミンのボールはシュートに見えるけど、あれはチェンジアップですよ」。シュート、シンカー、シンキングファーストボール。それに加えてチェンジアップ？　話がややこしくなってきた。

さらにシュート同様、右投手の場合右打者の内角に動く球種にツーシームがある。シュートに比べひじの負担が少ないため、投げる投手は多い。では、打者にとってシュートとツーシームの違いは何か。再度キム・テギュンに聞くとこんな答えが返ってきた。「シュートとツーシームは同じです」。ちなみにダルビッシュが今季新たに習得した球種・ワンシームをオープン戦でキム・テギュンに投げた時も、キム・テギュンから返ってきた答えはこうだった。「ワンシーム？　ツーシームと同じでしたよ」。投手が苦心して考案した変化球も、ボールを最後まで見てバットを出すキム・テギュンにとっては、どれも大きな差はないということのようだ。恐るべしキム・テギュン。

ボールの握りや腕の振り、リリースのタイミングをわずかに変えることで生み出される変化球。その世界は実に奥深い。

2011年8月30日
外野手のグラブに秘密あり

野球人の常識が一般にはあまり知られていないというケースがある。先日放送されたGet Sports（テレビ朝日）では、あるテーマが取り上げられた。それは「外野手のグラブのはめ方」だ。

番組では日本の外野手に、グラブのはめ方について尋ねていた。その中で多くの選手が「グラブの人差し指の部分には指を入れないで、指を1本ずつ小指側にずらして入れる。そして、元々、小指を入れる部分には小指と薬指の2本を入れている」と答えた。ではなぜそのようにするのか？ そして韓国の選手も同じなのだろうか？

SKの外野手パク・チェサン（29歳）に尋ねると、日本の外野手と同じようにグラブをはめていると答えた。「ボールを柔らかく捕るためにそうしています。学生時代にはそのはめ方に慣れるため、グラブをはめたまま走る練習もしました」。

グラブにはポケットという、捕球するための部位がある。外野手はその部分を広く使い、ボールを掴みやすくすることを求める。人差し指から薬指までの3本の指を小指側にずらしてグラブをはめるのは、ボールを掴む力をより強めるための工夫だ。

では他の外野手はどうだろうか。トゥサンのチョン・スビン（20歳）は「そうやってグラブをはめていない外野手はいないと思う」と話す。また、高校まで内野手だったKIAのキム・ウォンソプ（32歳）は「大学生になって外野手を始めた時にそう教わった」と答えた。その他の外野手も「先輩から教えられた。外野手なら常識」とグラブを手に語った。では、違うはめ方をする選手はいないだろうか？

トゥサンのイ・ジョンウク（31歳）に聞くと、「人差し指をグラブの外に出して、薬指から小指をそのまま入れている選手を何人か見たことがある。でも、誰だっけなぁ、思い出せないなぁ」と首をひねった。同じ質問を、現在、警察野球団に所属するミン・ビョンホン（24歳）に尋ねると、すぐに答えが返ってきた。

「（イム）ジェチョル先輩（トゥサン）はグラブから

人差し指を出していますよ。人それぞれ楽なはめ方があるんだと思います」。

このような人差し指を出したはめ方について、元外野手のKIA平野謙コーチ（56歳）はこう説明する。

「グラブのポケットは人差し指の付け根部分にあるので、人差し指をクラブに入れると痛くなるんです。だからたくさんノックを受けるキャンプでは腫れてしまいます」。

その平野コーチはこれまで話を聞いた外野手とは違い、現役時代に5本の指すべてを1本ずつ入れてグラブをはめていたという。そしてグラブ自体も他の選手とは異なっていた。「通常、外野手はフライを捕りやすいように、幅の広い大きなグラブを使います。しかし大きいグラブだと、捕ってから投げるまでに時間がかかるので、私の場合、わざと小さいグラブを使っていました」。リーグ最多補殺記録を何度も達成した、平野コーチらしいこだわりだった。

バッテリーや内野手に比べ、集中して見る機会が少ない外野手。その彼らのグラブをはめた手元に注目するのも、新しい発見ができて面白そうだ。

2012年3月27日

日本の開幕投手へのこだわり

日本人がよく使う好きな言葉に「こだわり」という単語がある。

こだわりは本来「ものごとへの執着や固執」を表す言葉だが、日本ではどちらかというといい意味で使われることが多く、「特別な意志を持って行動する」と解釈されている。例えば「シェフが材料の原産地や品質にこだわった料理」や、普段の会話の中では「今日のファッションにはこだわりがある」といった表現だ。

日本の野球界でも「こだわり」が見られることが少なくない。その中でとても特徴的なのが開幕戦だ。日本では「開幕戦は144分の1ではない」と考える人が多く、特に開幕戦の先発投手に対するこだわりは大きい。

昨年の場合、日本の12球団中、6球団で前年度のチーム最多勝投手が開幕投手を務めた。それに前の年に10勝以上挙げた投手を加えると9球団になる。その中で外国人投手が開幕投手だったのは中日1球団のみ。日本の開幕投手はチームのエースが担うのが常識とされている。

一方の韓国はそうではない。昨年の開幕戦の場合、KIA、ハンファ、サムソンがユン・ソクミン、リュ・ヒョンジン、チャ・ウチャンなどエースが先発した一方、ロッテ、トゥサン、LGはコーリー、ニッパート、リズらその年韓国入りした新外国人投手が先発。SKとネクセンはグローバー、ナイトの既存の外国人が先発マウンドに上がった。

このような韓国の起用法は戦略面で合理的だと言える。それは開幕戦でエース同士を対決させるより、対戦成績や次の3連戦を見据え、確実に勝てそうな試合を考えてローテーションを構成した方が良いという判断に基づいているからだ。昨年の各チームエース投手のシーズン初先発を見ると、キム・ソンウ（トゥサ

ン）、キム・グァンヒョン（ＳＫ）、チャン・ウォンジュン（ロッテ）が開幕３戦目、ソン・スンジュン（ロッテ）が４戦目だった。コンディションの問題で開幕戦先発を回避したケースもあるものの、韓国には「エースが開幕戦に先発しなければならない」というこだわりはないようだ。

しかし、日本人ならではのこだわりを韓国でも持ち続けている人もいる。サムソンの落合英二投手コーチ（42歳）だ。落合コーチは開幕戦についてこのような哲学がある。「韓国プロ野球の開幕戦には自国のエース投手が先発するのが当然で、投手コーチとしてそれが韓国に対しての礼儀だと思っています」。

落合コーチはキャンプの時から、開幕戦の先発投手を誰にするか考えていた。そしてその投手がシーズン開幕戦にチームを代表してマウンドに立つ資格があるのか、日々観察を続けていたという。

ちなみにこのような韓国と日本の考え方の違いによって、韓国で開幕投手の座を手にした日本人投手がいる。２０１０年にＳＫの開幕投手を務めた門倉健だ。ちなみに門倉は日本でも大阪近鉄在籍時の２００１年に開幕投手を経験している。

開幕戦にこだわる日本は３月30日、こだわらない韓国は４月７日に２０１２年のシーズンがスタートする。

2013年10月29日

サムソン、代走が盗塁しなければサヨナラ勝ちした？

同点で迎えた一打サヨナラの場面で起用された代走。その起用の目的がホームに生還することではない場合もある。それはどんな状況か。

２０１１年７月７日の東京ヤクルト―巨人戦。延長11回裏、２対２の同点の場面でヤクルトは２死満塁のチャンスをつかんだ。ここでヤクルトは一塁ランナーの代走に川本良平を送った。三塁ランナーがホームに還ればサヨナラ勝ちが決まる。この選手起用に対しファンの中には「なぜ一塁ランナーを変えるのか？」と思う人も少なくなかった。

しかしこの代走起用がヤクルトには吉と出た。この場面で打席の青木宣親の打球は二遊間へのゴロとなった。その打球をつかんだ二塁手は二塁ベースに入った遊撃手にボールをトスしたが、ランナーの足が一瞬速くセーフ。その間に三塁走者はホームに還り、ヤクルトは劇的なサヨナラ勝ちを収めた。

先日のサムソン―トゥサンの韓国シリーズ第２戦でも似たような場面があった。１対１の同点で迎えた10回裏。サムソンは１死一、三塁のサヨナラのチャンスを作った。この時サムソンは一塁走者のチェ・ヒョンウに代えて、代走にカン・ミョングを起用した。打席には左打者のチェ・テイン。この時のカン・ミョングの役割について筆者は前出のヤクルトのケース同様に内野ゴロでの二塁封殺を避けるための起用だと思った。

しかしこの場面で一塁走者のカン・ミョングは初球にスタートを切り盗塁を成功。１死二、三塁と状況が変わった。ここでトゥサンバッテリーは空いた一塁を埋めるためチェ・テインを敬遠。満塁策を取った。サムソンは１死満塁としたが、後続打者が凡退しこの回得点はならなかった。

もしカン・ミョングが一塁にとどまり、トゥサンバッテリーがチェ・テインと勝負した場合、どんな結果が出ていただろうか。リュ・ジュンイル監督にこの場面について聞くとこう答えた。「カン・ミョングに走るなという指示は出さなかった。盗塁して一塁が空いてもチェ・テインの後にはイ・スンヨプがいるので（チェ）テインを敬遠しないと思っていた」

10回裏のチャンスにサムソンは得点を挙げられず、1対1のまま進んだ試合は延長13回表、トゥサンが4点を挙げて勝ち越しに成功。第2戦をものにした。

一塁走者のカン・ミョングは盗塁してもよく、1死二、三塁になればもしチェ・テインの当たりで三塁走者がアウトになっても、2死で得点圏に走者を置いた状況でイ・スンヨプを迎えられるという意図だった。

ではカン・ミョングは自身の役割をどう考えていたのか。彼はこう話した。「キム・テギュン一塁ベースコーチから〝走れ〟という指示がありました」。またキム・テギュンコーチも「〝100％行けると思うなら行け〟と言った」と言い、選手とコーチ間の意思疎通に問題はなかった。しかし守備シフトを考えた場合、チェ・テインの敬遠を招いたカン・ミョングの盗塁は不必要ではなかったのか。

しかし「そうではない」というサムソン関係者もいた。「カン・ミョングが走ることで、捕手が悪送球をすればその間に三塁走者がホームインできる。それを考えれば走ることもいい選択だった」。

様々な可能性を考えてみたが、この場面での代走起用とその役割について正解というのはないようだ。僅差の場面での作戦と選手起用。それは野球の妙味で韓国シリーズのような舞台では多様な考え方が交錯する。

カウント3ボール0ストライクでの判断は？

スポーツは結果が何より重要だが、そこに至る過程を見る楽しみが野球にはある。その一つが投手と打者、そして両軍ベンチの駆け引きだ。ボールカウントによって作戦が変わり、両者の有利、不利も違ってくる。中でも興味深いボールカウントが3ボールノーストライクだ。

3ボールの状況で投手は四球に対する圧迫感があるため、直球を投じてストライクを取りにいく傾向が高い。一方の打者は投手の考えを読み取り、真ん中に入る直球を狙うことができる。しかし実際に3ボールから打ちにいく打者はほとんどいない。明らかにストライクゾーンに来るとわかっていても打者はそれを見送り、それがストライクと判定されても悔しがることはない。特に日本の場合、韓国よりも3ボールで打者が投球を見送るケースが多いように感じる。

これについてサムソンの芹澤裕二バッテリーコーチ（46歳）は「3ボールで打つ割合は日本と韓国で大きい差はないと思います。ただウチのチームは攻撃的なので、3ボールでも打つことがあります」と話した。

実際、韓国シリーズ第2戦でこんな場面があった。サムソンが5対0でリードした3回裏、2死二塁で8番イ・ジヨン（28歳）は3ボールからネクセンの先発投手ヘンリー・ソーサが投じたストレートを引っ張って、レフト前にタイムリーヒットを放った。試合後、その場面についてイ・ジヨンは「打てというサインが出た」と話した。

サムソンは第1戦でも2対2の同点で迎えた6回裏2死でチェ・ヒョンウ（31歳）がアンディ・バンヘッケンに対し、3ボールから打ちにいった。結果はファウルだった。4番打者のチェ・ヒョンウだけに自らの判断でのことだと思ったが、チェ・ヒョンウに訊くと「打てというサインが出ました。僕も3ボールになって打ちたいと思っていたらそんな指示が出たんです。ウチのチームは攻撃的でしょ?」と笑みを浮かべた。

チェ・ヒョンウの言葉通り、今季、全9球団中、3ボールで打ちにいき、ヒットか凡打になった回数が最も多いのがサムソンの16回だ。その中でチェ・ヒョンウがリーグで最も多い6回を数える。結果は3安打(1本塁打)と良い。一方でLGは3ボールで一回も打ったことはなく、ロッテとKIAは1回だけだった。芹澤コーチやチェ・ヒョンウが「サムソンは攻撃的なチーム」というのも頷ける。

しかしサムソンが攻撃的だと言ってもいつでも3ボールでヒッティングを選択しているわけではない。チェ・ヒョンウは「3ボールで〝待て〟のサインが出る時もあります」と話す。サムソンではキム・サンス(24歳)のようにプロ入り以来、3ボールで打ったことが1度しかない選手もいる。すなわちリュ・ジュンイル監督(51歳)は状況や打者の特性、投手のタイプによって3ボールでも打てという指示を出しているということだ。それは4番のチェ・ヒョンウに対してであっても例外ではない。

では韓国シリーズでサムソンと対戦したネクセンはどうだろうか。ネクセンは今季3ボールで7回、ヒッティングをしている。それはベンチの指示によるものだろうか、それとも選手自身の判断だろうか。4番のパク・ピョンホ(26歳)は「3ボールでベンチから指示があったことは一度もないです。何よりそういう状況で三塁コーチを見ることもないです」と言う。また5番のカン・ジョンホ(27歳)も「(その状況で)サインは出ません」と話した。一般的にサムソンよりネクセンの方がベンチからの指示が多いと思われがちだが、3ボールという状況に関してはそうではなかった。

今季3ボールでの打率はサムソンが6割2分5厘、ネクセンが4割2分9厘とどちらも高い。しかし打てると確信が持てない限り、仕掛けるのが難しいカウントが3ボールだ。一球一球が大事な韓国シリーズ。今年のシリーズで3ボールからのドラマは生まれるか。

2015年2月24日

韓国に「代打の神様」は現れるか

日本ではこれまでに代打の切り札として活躍し、人気を集めた選手が存在する。

代打は打力が劣る選手、特に投手に変わって出場することが多く、指名打者制を採用せず、投手が打席に入るセ・リーグの方が多く起用される傾向にある。昨年のセ・リーグで代打出場が最も多かった選手は、中日ドラゴンズの小笠原道大だった。代打として76打席出場し、歴代2位となる代打6打数連続安打を記録するなど、新しい「代打の神様」として注目を集めた。

一方、指名打者制があるパ・リーグでは松中信彦と江川智晃（以上、福岡ソフトバンク）の33打席が代打で最も多かった。

KBOリーグもパ・リーグ同様に指名打者制を採用しているが、昨季65打席も代打で起用された打者がいる。KIAのイ・ジョンファン（28歳）だ。しかしイ・ジョンファンの代打での打率は2割2分6厘でシーズン打率2割8分7厘よりも低く、代打成功率が高いとは言えない。イ・ジョンファンは代打の難しい点として、「先発と違って代打は1度しかチャンスがない。不利なボールカウントになると厳しいので初球から振っていかなければならないのが大変」と話した。

昨季、代打成功率が高かったのは打率3割6分4厘（30打席22打数8安打）のパク・キナム（33歳／KIA）と、3割4分6厘（33打席26打数9安打）のキム・テワン（33歳／サムソン）だ。彼らに代打として必要なことについて聞くと、イ・ジョンファンと同じようなことを答えた。

パク・キナムはそれに加えて「練習の時から体が速い球に対応できるように努力しています。そしてヒッティングポイントが後ろにあるとファウルになるので、なるべく前で打つことを考えています。ピッチャーの持ち球を把握して1度のチャンスを逃さないように、積極的かつ後悔しないような準備をするのが大事です」と話した。

それではピッチャーは代打をどう見ているか。サムソンのユン・ソンファン、チャン・ウォンサム、チャ・ウチャン、アン・ジマンに「よく打つ代打」について尋ねたが彼らはしばらく考えた後、一様に、「誰も思い浮かばない」と答えた。

ユン・ソンファン（33歳）は「代打専門というと以前はイ・ジェジュ選手（元ＫＩＡ）がいたけど今はいません。代打は先発出場の打者より実戦感覚が落ちるので、ピッチャーの方が有利」とし、代打の特徴として「早いカウントから直球を狙ってくる傾向がある」と話した。１度のチャンスで早めに決着をつけようとする代打。それをわかっている投手。代打と投手の対戦は投手の方が優位な立場にある。

それでは投手として対戦しにくい代打とはどんな選手だろうか。サムソンの門倉健投手コーチ（41歳）は現役当時を振り返り、ソフトバンクの大道典良打撃コーチを挙げた。「大道さんはバットを短く持って体を小さく構えて、ボールを後ろの方で打つことを意識していました。大道さんはフルカウントで投手が絶対にストライクを取りたい時に、絶妙のタイミングで主審にタイムをとる駆け引きがうまかった」と話す。

後に門倉コーチと大道コーチは巨人でチームメイトになった。門倉コーチは大道コーチに代打の調整法について聞いたという。「〝ベンチにずっと座っていると、代打で出た時にボールがよく見えないので、１、３、５回に明るいグラウンドに出て行って、球場全体を見て目を慣らすようにしている〟と話していました」。

今年ＫＢＯリーグは試合数が１２８試合から１４４試合に増える。そのため控え選手の存在がこれまでよりも重視されている。これまで韓国ではわずかだった代打要員。今年はＫＢＯリーグにも「代打の神様」が出現するかもしれない。

2015年3月10日

捕手を見ないで投げる投手たち

「相手をよく見ろ」。

子供の頃、キャッチボールをする時に繰り返しそう教わった。正確なコースにボールを投げるためにはボールを受ける相手のグラブを見ることが大事だ。これがキャッチボールの基本とされる。

しかしプロ野球のピッチャーの中にはキャッチャーを見ないで投げる選手が何人かいる。その代表格が2011年までメジャーリーグでプレーしたサウスポー、岡島秀樹（横浜DeNA）だ。岡島は投げる瞬間に首が地面の方に向いている。キャッチボールの基本とは正反対ではあるが、岡島にとってはそのフォームは投球バランスを保つための自然な姿勢のようだ。

一方で投球時に顔は捕手に向いていても、目を閉じて投げている投手もいる。そのことはあまり知られていない。

筆者の印象では韓国にはそういった投手が少なくない。例えばソン・シンヨン（ネクセン）、キム・スワン（トゥサン）、ユ・チャンシク（ハンファ）、キム・ジュン（KIA）などがそうだ。彼らはボールが指先から離れる瞬間、目を閉じているのではなく、腕を振ってボールが捕手のミットの収まる直前まで目を閉じている。今年の春季キャンプで彼らがブルペンで投げている姿を写真に収めたところ、毎球100%の確率で目を閉じていた。

当事者のキム・スワン（23歳）に、自身がボールを投げる時に目を閉じていることを知っているか聞いてみた。するとキム・スワンは「力が入って目を閉じているのだと思う。でも長くは閉じていません」と話した。自分が目を閉じていることは知っているが、それは一瞬であるという認識のようだ。

またキム・スワンにこれまで指導者に直すように指摘されたことがないか尋ねると、「ない」と答え、

「投げている時に目を閉じていても影響はない」ということだった。

目を閉じて投げることについて、トゥサンのカ・ドゥクヨム投手コーチ（45歳）も「問題ない」と話す。カ・ドゥクヨムコーチは「ピッチングのルーティーンは人それぞれ異なり、ボールを投げる感覚や体のバランスが良ければ、たとえ横を見て投げても関係ない」と付け加えた。目を閉じて投げる投手にとってそれは単なる習慣に過ぎず、ピッチングに影響はないということだ。ではもし彼らが目を開いて投げたらどんな結果になるか。それはそれで気になるところだ。

今年の春季キャンプでは他に気になる投手を見つけた。サムソンのスリークォーター右腕、キム・ソンハン（22歳）だ。彼はボールを投げるたび必ず右上の自分の指先を見る。そのことについて門倉健投手コーチ（41歳）は「本人に何度が直すように話したが、〝直したら腕ではなく目に力が入ってしまってできない〟と言うんです。だから直すことは諦めて、そのことを気にしないでピッチングできるようにさせています」と話した。

「相手をよく見ろ」。ボールを投げる時の基本中の基本だ。しかし基本だけが正解ではない。絶え間ない練習を経て人によって変則が定石になっている。プロの世界で生きる選手を見つめると、その世界の奥深さを実感する。

目を閉じて投げるキム・スワン（写真左）と指先を見て投げるキム・ソンハン（右）

2015年6月2日

「ミロチギ」に含まれる意味

野球で使う言葉の中で韓国と日本では表現が異なる単語がある。その一つが「밀어치기（ミロチギ）」。直訳すると「押し打つ」だ。今回はミロチギの単語の意味と技術、またその役割を考察する。

ミロチギは右打者の場合は右方向、左打者は左へといった、「잡아당기다（チャバタンギダ）＝引っ張る」とは反対方向に打つことを表す。

ミロチギを日本語では「流し打ち」という。流し打ちというと投手が投げたボールの力を利用して軽く打つような感じがあり、意図的に「押し打つ」という言葉のミロチギとは単語が与える印象がかなり異なっている。そう考えると「流し打ち」という言葉は適切な表現ではないとも言えそうだ。

この疑問について現役時代、日本で1419安打、269本塁打を記録したkｔウィズの石嶺和彦二軍打撃コーチ（54歳）はこう答えた。「流し打ちよりも韓国のミロチギの方が意味としては合っているように思う。日本の記事を見ると流し打ちという単語が良く出てきますが我々はあまり使いません。〝逆方向に打つ〟って言いますね」

石嶺コーチによると逆方向に打とうとすると、韓国で表現するように「押すように打つ感じ」が必要だという。「タイミングの取り方は引っ張る時と同じですが、バットのヘッドを、遠心力を使わずにヒッティングポイントを後ろに置いて押す感じです」と話した。

ミロチギ、逆方向への打撃はバッターの意思で打つこともあれば、ベンチからの指示によって実行することも多い。右打者の場合、進塁打が求められる時がそうだ。そのような指示を出す場合、ベンチからの事前の説明が重要だとロッテジャイアンツの本西厚博二軍打撃コーチ（53歳）は話す。本西コーチは「選手に〝必ず右方向に打たなければならない〟という、プレッシャ

2014年から2年間、ロッテに在籍した本西厚博コーチ

ーを与えてはダメです。〝ショートの一歩右側に打つだけでも逆方向バッティングとして成功〟という風に考えさせられれば、バッターに余裕が生まれます。また2ストライクまではヒットを打ちにいけという指示を出せば、強いスイングができます。進塁打とエンドランは〝ピッチャーの正面のゴロだけ避けてゴロを打てばいい〟と、きちんと指示すれば選手も気楽に打席に入れると思います」と話した。

またSKワイバーンズの清家政和二軍監督（56歳）は現役当時の経験からサインの意図を選手が理解しなければならないと話す。「内角を攻めてくるピッチャーと対戦した時、右バッターだった僕にベンチから右方向へ打てというサインが出ました。しかしあまり打つ自信がなかったので、自分の判断でプッシュバントをしました。ベンチの進塁打をしてほしいという意図が分かれば、プッシュバントや選手個々が考えたプレーができます。サムソンみたいな強いチームは特にパク・ソクミンやイ・スンヨプが進塁打をうまく打ちます。だから常に得点圏にランナーを置くことができます」と話した。

逆方向へ打つというプレーひとつにしても、アウトカウントやボールカウント、ランナーによって、また打者自身の意思か、ベンチの指示かによって、その背景は異なる。またタイミングが外れて偶然に逆方向に飛んでしまう打球もある。ひとつの野球用語からその意味と結果、そこに至るまでの過程を想像すると野球はさらに面白く見られる。

23:35
TEAM
삼성갤럭시
삼성갤럭시

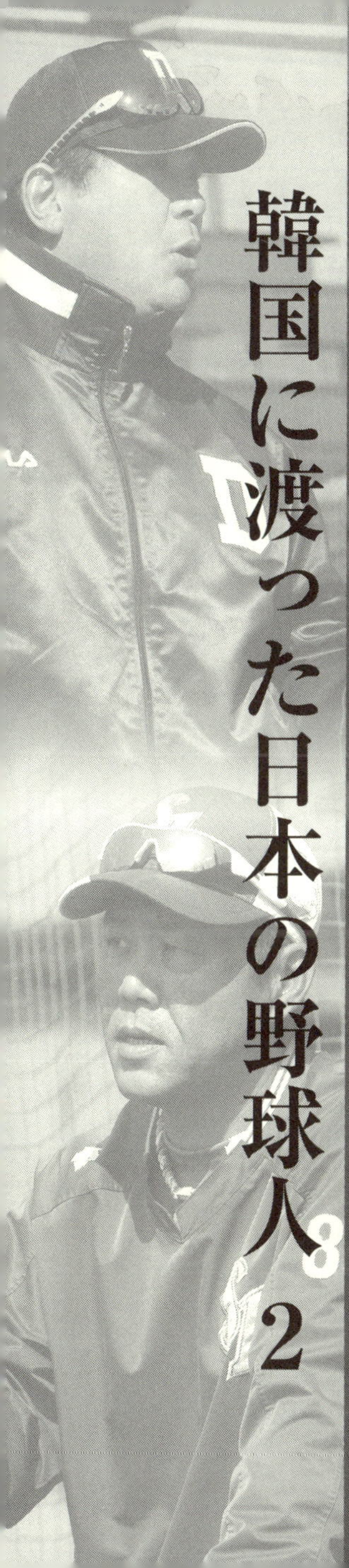

韓国に渡った日本の野球人2

KIA・松原誠打撃インストラクターの感慨
2009年10月20日

韓国を知る楽天コーチが語る、日韓の違い
2011年4月25日

韓国で9年目を迎えた花増トレーニングコーチ
2012年2月7日

伊東勤ヘッドが語る、捕手ヤン・ウィジの長短所
2012年4月3日

チェ・ジェフンの成長支える、伊東、小牧両コーチ
2012年6月26日

日本人コーチ招へいで問われる人選力
2012年10月15日

日本出身コーチが振り返る前半戦
2013年7月23日

トゥサン・石山新監督の「おっちゃんリーダーシップ」
2013年12月3日

日本復帰、芹澤コーチの5年間
2014年12月2日

2009年10月20日

KIA・松原誠打撃インストラクターの感慨

韓国シリーズ第7戦。優勝が決まった瞬間、KIAの松原誠打撃インストラクター（65歳）はファン・ビョンイル打撃コーチと強く抱き合った。その目には涙が浮かんでいた。

「神様、仏様、（キム）サンヒョン様ですよ」。

松原氏は今季、打点と本塁打のタイトルを獲得し大ブレイクした、キム・サンヒョンの活躍なくして優勝は成し得なかったと話した。

2月の日向キャンプ、そしてシーズン中の7月、さらに9月中旬から韓国シリーズ期間中、KIAの打撃指導のため招聘された松原氏。「サンヒョンがLGから来たことが、今シーズン本当に大きかったです。チーム打率がリーグ最下位ですけどそれは関係ない。大事なのは得点圏打率です。そして2アウトからこんなによく打つチームは今まで見たことがありません」。今年のKIA打線について松原氏は興奮気味に話した。

松原氏は現役時代、大洋（現・横浜）、巨人で活躍し2095安打、331本塁打を記録した大打者だ。その松原氏から見てもキム・サンヒョンをはじめとする、今シーズンのKIA打線は神がかり的であり、高く評価できるという。

KIAの各打者に細やかな指導してきた松原氏。その言葉遣いには独特の雰囲気があった。「少し上体が前に突っ込んでいます。軸を中心にするよう意識してください」。「バランスが少し崩れますけど、自分ではどうですか?」。自分の子供よりも年が離れた選手たちに、通訳を通してとても丁寧な口調で説明をする。松原氏にそのことについて聞くと「私が今教えているのは主力選手ばかりです。若い選手だったら厳しくやりますが、実績のある選手には日本でも同じように丁寧な言葉で教えていました」。相手を尊重しながら欠点を指摘する。それが松原流だ。

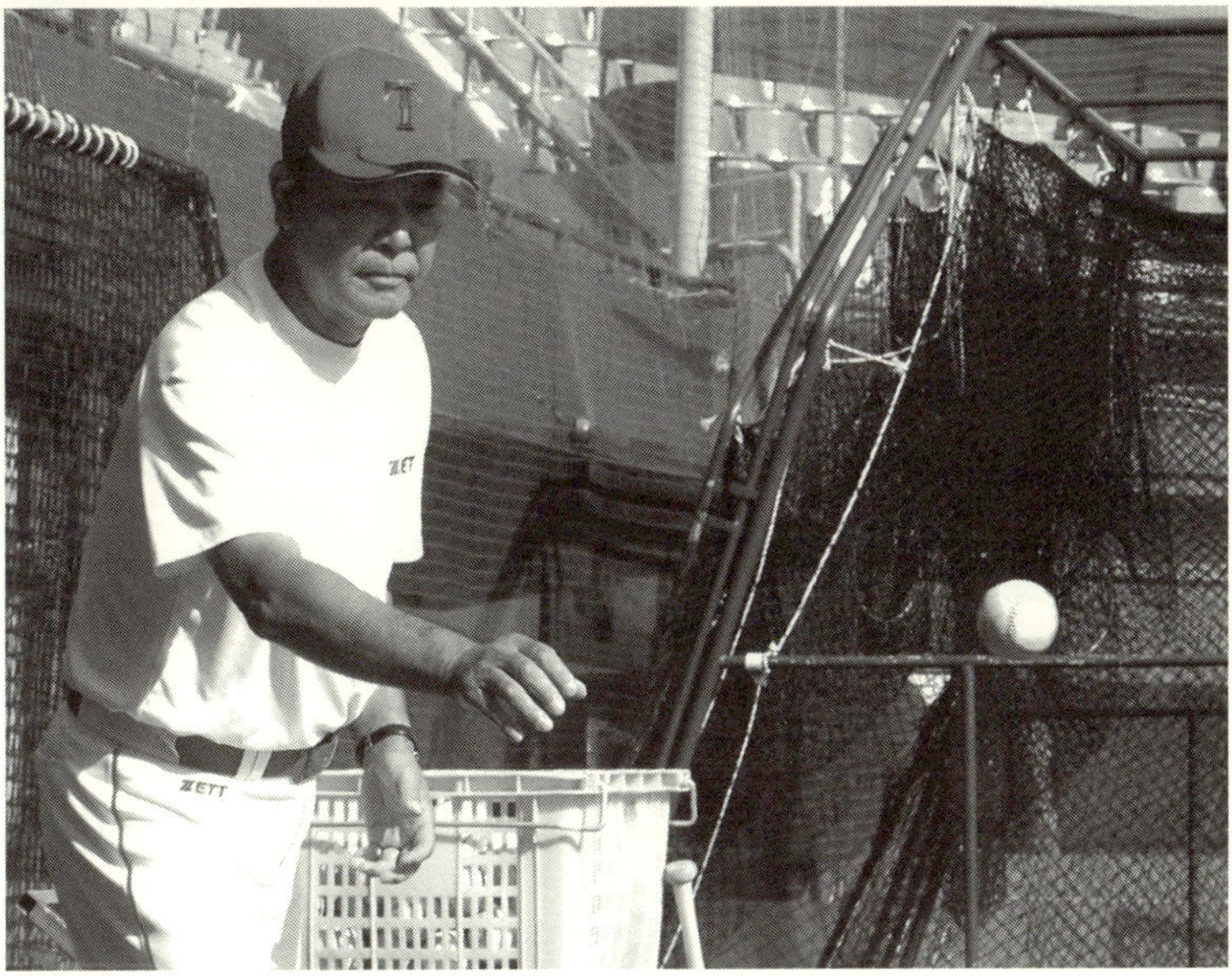

KIAの打者にトスを上げ、アドバイスをする松原誠インストラクター

「韓国との関わりは10年前。ハンファでファン・ビョンイルコーチと一緒にソン・ジマンを指導したら、ホームランを30本打てるバッターになりました」。

現役時代、中距離打者として活躍し、指導者としても数多くの好打者を輩出してきた松原氏。KIAではその系譜を引き継ぐナ・ジワンに直接指導する時、一層力が入った。

韓国シリーズ第7戦、9回裏に優勝を決めたのはそのナ・ジワンの劇的なサヨナラホームランだった。ナ・ジワンの一発を見て松原氏は感情を抑えることができなかった。

KIAの次の目標、それは日韓クラブチャンピオンシップでの勝利だ。そこでKIAの打者たちがここ一番で打力を発揮することを、松原氏は誰よりも願っている。

韓国を知る楽天コーチが語る、日韓の違い

韓国ではパク・チャンホとイ・スンヨプが入団したオリックスへの関心が高まっている。一方でこの二人のような派手さはないが、東北楽天の二軍には韓国と関わりのある人たちが数多く顔を揃えている。

4月24日に行われた横浜DeNAと楽天のファーム公式戦。「今シーズンのLGは調子いいですね」と声をかけてきたのは、昨季LGで抑えを務めた岡本真也（36歳）だった。「今年はなぜか三振がよく取れます。理由は……わからないです」。彼らしくちょっとはぐらかすような表現で、調子の良さを伝えてきた。岡本はここまで二軍戦3試合に登板し無失点。9つのアウトのうち、8つを三振で奪っている。

楽天投手陣には岡本の他に、元メジャーリーガーの韓国人投手キム・ビョンヒョンと、昨季、トゥサンで14勝を挙げたドミニカ共和国出身のケルビン・ヒメネスがいる。

そしてベースコーチにはどちらも昨年まで韓国でコーチを務めた関川浩一コーチ（42歳／前SK）が一塁に、三塁には種田仁コーチ（39歳／前サムソン）が立っている。関川コーチは「（チョン）グンウがホームランをよく打っていますね」と言い、種田コーチは「ペ・ヨンソプの調子がいいみたいですね」と話すなど、驚く程に現在の韓国球界の状況をよく知っていた。二人は日々、インターネットで韓国の様子をチェックしているという。

日本球界に復帰した関川、種田両コーチ。二人は日韓の球界にどんな違いを感じているのだろうか。関川コーチは「韓国の選手の方が野球に取り組む姿勢が貪欲」と話す。「韓国の選手は日本の野球についてもたくさん質問をしてきました。チェ・ジョン（SK）が〝村田（修一／DeNA）のように右方向に打てるバッターになりたい〟と言ってきたので村田の映像を見

韓国在籍当時の関川浩一コーチ（写真左）と種田仁コーチ

せて、打ち方を教えたこともありました」。

一方で「日本の選手が韓国のことを聞いてくることはない」と種田コーチは言う。「日本の選手は自分たちの方が韓国よりも上だと思っているからでしょう。だけど彼らに言うんです。〝おまえら二軍選手は、韓国に行ってもレギュラーにはなれないぞ〟」。

両コーチは韓国でのコーチ経験を経て、指導の幅が広がったという。その理由を種田コーチは「韓国の選手は結果が出ない原因や理由、解決方法をちゃんと説明しないと理解してもらえない」と言い、関川コーチは「通訳を通さなければならないので、より細かく説明することが習慣になった」と話す。どちらも韓国でコーチを務めたことで「より基本に戻る機会を得た」という。

関川コーチは楽天の選手たちを見ながら、「モ・チャンミン（軍入隊中）みたいな打力のある選手を韓国から連れて来たいですね」と古巣の選手を懐かしんだ。

以前は日本の野球人が韓国に渡ると、「都落ち」という印象を持たれていたが、今ではそれが薄れている。日韓の実力が拮抗してきたこと、そして「グローバルな視点で野球を見ることが、野球人生の中でプラスになる」と経験者たちが語っているからだ。

2012年2月7日

韓国9年目を迎えた花増トレーニングコーチ

今シーズンは4球団に日本人のトレーニングコーチがいる。その中でハンファ・花増幸二コーチ（56歳）は韓国で9年目のシーズンを迎える古株の日本人コーチだ。

「最近、面白いことがありましたよ」。

アメリカ・アリゾナ州での春季キャンプに参加中の花増コーチは、電話の向こうから明るい声を響かせた。

「（パク）チャンホが私のスニーカーを見て、〝似合ってないから今度、新しい靴をプレゼントする〟と言ってきました。その数日後、練習の途中で選手たちが私を羽交い絞めにして靴を脱がし、チャンホが用意したオレンジ色の新しいスニーカーを履かせてくれたんです。とんだサプライズでした」。

選手から愛されている花増コーチ。花増コーチはこのプレゼント以外にもパク・チャンホには感謝していることがあるという。「キャンプの時期、ピッチャーにはたくさんの量を走らせるようにしています。それをほとんどの選手は嫌がりますが、チャンホが一生懸命走るので若い選手も手を抜くことなくやるようになりました」。元メジャーリーガーでスーパースターのパク・チャンホの姿勢がチームに好影響を与えている。

パク・チャンホは日韓の野球の違いに興味津々で花増コーチに色々と尋ねるそうだ。「この間は〝日本と韓国ではどっちのランニングの量が多いですか？〟と聞いてきました。走る量自体は最近の日韓であまり差はないけど、走るスピードは日本の投手の方が速いと教えましたよ」。

花増コーチは投手として1978年に日本ハムに入団。国立大出身という異色の経歴を持ち引退後は日本ハムでトレーニングコーチを21年務めた。2004年に韓国に渡りサムソンでトレーニングコーチに就任。2010年からはハンファのユニフォームを着ている。

選手に檄を飛ばす花増幸二トレーニングコーチ

言葉の壁をクリアし、韓国での生活を支障なく送る花増コーチ。しかし時にはストレスも溜まる。そんな時、花増コーチが行く場所がある。カラオケボックスだ。「一人で行くんですよ。大声で日本の歌を歌うとストレスが吹き飛びます」。

最近の日本では一人でカラオケに行く人が増えているが、韓国ではあまり一般的ではない。花増コーチが一人でカラオケに行っていると知った韓国の選手、コーチは、皆一様に驚きの表情を見せた。しかし花増コーチの「ひとカラ」は長いシーズンを気分よく乗り切るために欠かすことができないリフレッシュ法だ。

「野球が好きだから、毎日選手と一緒にいられることが幸せ」と話す花増コーチ。今年も異国の地での奮闘の日々が続く。

…それから…

花増コーチは2013年から2年間、KIAでトレーニングコーチを務め退団後に帰国。2015年から徳島県の鳴門渦潮高校野球部でコーチを務めている。

2012年4月3日

伊東勤ヘッドが語る、捕手ヤン・ウィジの長短所

オープン戦が終わり、いよいよ公式戦開幕が近づいてきた。

シーズンが始まるとこれまでとは違って「厳しい姿を見せる」と宣言している人がいる。トゥサンの伊東勤ヘッドコーチ（49歳）だ。「ヘッドコーチとして専門的な部分は担当コーチに任せていますが、シーズンが始まったら、僕はひとつだけ言うことがあります」。伊東ヘッドが譲れない点。それは自身が現役時代務めてきたポジション、キャッチャーのリードについてだ。

「キャッチャーは他のポジションと違って、1度の失敗が致命的な影響につながります。シーズン中に何度も失敗することはできないので、配球の面などたくさん勉強してもらうことになります」。

キャッチャーの勉強とは試合という授業に加え、試合後のミーティングでの予習・復習のことを指す。先生が伊東ヘッドならば生徒は誰か。それはトゥサンの正捕手であるヤン・ウィジだ。

伊東ヘッドはヤン・ウィジという生徒をキャンプから見つめ、このように感じていた。「彼はおっとりしている性格が長所であり短所だと思います。おっとりしていることで、失敗をしたとしても次の日まで引きずりません。試合は毎日あってバッターは次々打席に入ってきます。だから悪いことは早く忘れることが大事です。ただ完全に忘れてしまっては困ります。すぐに忘れる性格と、次に同じ失敗を繰り返さないよう反省する面の両方が必要です」。

伊東ヘッドはキャンプ期間中にヤン・ウィジが見せたある姿に怒りを覚えた。「練習試合でピッチャーが打たれた時、ベンチに戻ってきたヤン・ウィジは笑っていました。どれだけ一生懸命やっていたとしても、その姿を見て責任感がないと思いましたよ。僕が現役の時は打たれて笑っているなんて考えられませんでし

開幕戦の試合中、ベンチで会話する伊東ヘッド（写真中央）とヤン・ウィジ（左）

た。失敗を笑ってごまかすというのは、韓国と日本の選手での一番大きな違いです。細かいことだと思うかもしれませんがシーズンでは1回の負けが取り返しのつかないことになります。その部分については厳しく言うつもりです」。

伊東ヘッドはヤン・ウィジに日本の野球を教えようとしているのではない。自身が現役時代、数多く優勝した経験から、「1回の失敗の重さと、優勝がどれ程嬉しいかを教えたいだけ」という。

「韓国に来てから、選手には、〝できないからやめるのではなくて、できるまで協力してあげたい〟という気持ちを持っています。韓国の選手はお国柄なのか、自分からアドバイスを聞くのが恥ずかしいみたいです。ですがこちらからアドバイスすると、ものすごく真剣に聞いてくれます。その点では教えがいがありますね」。

トゥサンが迎えた新学期。伊東ヘッドとヤン・ウィジの二人三脚が始まる。

2012年6月26日

チェ・ジェフンの成長支える、伊東、小牧両コーチ

6月17日、トゥサン、ロッテの両球団から、ヨン・ドクハン捕手（31歳）とキム・ミョンソン投手（24歳）の1対1のトレードが発表になった。このトレードは両チームの弱点を補うためのいいトレードだという声が現場では聞かれる。

トゥサン側から見るとチーム唯一の30代の捕手で、経験豊富なヨン・ドクハンを手放すデメリットはあったが、キム・ミョンソン獲得によって投手陣の駒不足を補うことができた。この決断の背景には、若手捕手チェ・ジェフンの存在がある。

そのチェ・ジェフンについて、日本人コーチたちはどのように見ているか。日本球界を代表する捕手として現役時代に活躍した、トゥサン・伊東勤ヘッドコーチ（49歳）はこう話す。「チェ・ジェフンはふてぶてしい性格をしています。他の韓国の選手は聞きたいことがあっても恥ずかしいからか年上のコーチに話しかけてきません。でもチェ・ジェフンは違いますね」。

試合前の練習時、チェ・ジェフンが伊東ヘッドにちょっかいを出すような素振りを見せることがある。外から見ると、少し失礼な態度のようにも見えるが、そのような性格が捕手には必要だと伊東ヘッドは話す。

「ふてぶてしさからなのか、相手をよく見て打者が嫌がるリードをします。そして肩が強いことも武器です。チェ・ジェフンがリードした試合は、よく勝っていると思いますよ」。

伊東ヘッドからそう評価されるチェ・ジェフン。しかしまだ全幅の信頼を置かれている訳ではない。「チェ・ジェフンは楽をしようとするところがあります。これからたくさん経験して成長しないとダメですね」。

チェ・ジェフンの今後の成長について、小牧雄一バッテリーコーチ（45歳）は責任を感じている。5月にブルペンコーチから配置転換になった小牧コーチは、

通訳を介しチェ・ジェフン（写真右）と話す、伊東勤ヘッドコーチ（左）

試合でバッテリーに配球を指示しているからだ。「やりがいはあるけど大変です」と話す小牧コーチ。「韓国のキャッチャーは1球1球、ベンチを見てきます。日本でもベンチからサインを出すことはありますが、毎回ではありません。チェ・ジェフンもしょっちゅうこっちを見てきますが、サインを出すのは何回かに1回だけです」。実際、チェ・ジェフンがベンチを見ると、小牧コーチは自身の頭を指さし、「自分で考えろ」というポーズを見せることがある。

その点について伊東ヘッドは「自分で考えてリードしないと、どう成功しどう失敗したのか覚えることができません。勝つためにコーチが指示を出すことも必要ですが、選手が経験を積むことも大事です」。

「僕は20代前半でレギュラーになったので、ピッチャーがみんな年上でした。だから誰とバッテリーを組んでも毎日が勉強でしたよ」。自らの成長は試合を通して得たと話す伊東ヘッド。先輩捕手の移籍によってチェ・ジェフンは出場機会と成長のきっかけをつかむことになりそうだ。

…それから…

伊東勤ヘッドコーチは２０１３年から千葉ロッテの監督に就任。小牧雄一バッテリーコーチも同じく千葉ロッテでブルペン捕手兼チームスコアラーを務めている。

2012年10月15日

日本人コーチ招へいで問われる人選力

筆者は春季キャンプの時、新たに韓国の球団にやってきた日本人コーチに必ず聞く質問がある。「もしシーズン途中でうまくいかなくなっても、途中で投げ出したりしないですか？」

それを聞いたコーチたちは、「もちろん」や「そうならないように努力します」と答える。しかし残念なことに、今季途中、自らの職務を放棄してしまうコーチが出てしまった。

そのような状況が生じる理由には、韓国のやり方に馴染めない、他のコーチとの不仲、権限の喪失など、就任以前から予測できる原因がほとんどだ。

今季は8球団に11人の日本人コーチが所属していた。これほどたくさんの日本人コーチを連れてくることに、韓国の各球団にはどんなメリットがあるのか。そこには「日本の野球の知識を得るため」ということもあるが、日本人特有の小さなことにでも徹底的に取り組む執着心が、選手育成や作戦面でプラスになるというのも理由にある。日本人コーチはその期待に応えなければならないが、気力が失せてしまっては役割を果たすことはできない。そのため日本人コーチを呼ぶ時には、外国人選手を探すのと同じようにその人物に対する調査を行うことが不可欠だ。

以前から日本人コーチを数多く起用してきた、コヤンワンダーズのキム・ソングン監督（69歳）は、今年2人の日本人コーチを連れてきた。彼らについてキム監督は「単に親しい人を連れてきたのではなく、他のコーチとの性格のバランスを見た。その結果、沖泰司バッテリーコーチを探すのに2ヶ月。河埜敬幸総合コーチは1ヶ月かかった」という。この2人のコーチは日本でプロ生活を送ったのはもちろん、独立リーグでの指導経験もある。若くてプロに及ばない技術の選手と共に汗を流してきた。2人は今季の最後まで熱心にチームのために働き、適切な人材配置の事例を残した。

一方、日本人コーチの側からすると、海外の環境に適応するには、まず相手を尊重する気持ちを持たなければならない。その部分で成功したのがサムソン・落合英二投手コーチと芹澤裕二バッテリーコーチだ。落合コーチは2007年にソン・ドンヨル監督の下、自費で3ヶ月間コーチ研修を受けた後、10年から正式にコーチを務めた。元々、学ぶ姿勢で韓国に来た人だ。

芹沢コーチは日本で13年間コーチ生活を務めてきたが、選手として一軍でプレーしたことはない。そのため年下の選手であっても、相手の実績や考え方をまず理解してから指導をする。SKの時にはパク・キョンワン、サムソンではチン・ガプヨンといった韓国を代表する捕手と長い時間会話をし、互いの信頼を深めていった。

相互理解が生まれていないチームでは、韓国の選手が日本人コーチに対して言葉が通じないのをいいことに、面と向かってタメ口で悪口を言う姿を目にする。そのような状況になると関係修復は不可能だ。

かつて日本球界では「韓国でコーチをすると、日本に戻ってくるのは難しい」と言われた。しかし最近は違う。日本人コーチにとって韓国はそう悪くない働き口になっている。一方で安易に韓国に来ようとする傾向があることも事実だ。

今後、韓国の球団が日本人コーチを招く際には、チームに在籍する韓国人コーチとの性格的バランスや選手指導に対する情熱を持っているかも把握しなければならないだろう。

2013年7月23日

日本出身コーチが振り返る前半戦

今シーズン、韓国プロ野球には8人の日本出身のコーチがいる。独立球団のコヤンワンダーズを含めるとその数は12人に上る。彼らに今シーズンの前半戦を振り返ってもらった。

サムソンの投手インストラクター・門倉健（40歳）は「まだボールを握ると現役の感覚に戻ります」と笑みを浮かべた。昨年引退した門倉は今年が指導者生活1年目だ。その門倉にリュ・ジュンイル監督はある指令を送った。

「バンデンハークのクイックモーションを修正するように指示を受けています。バンデンハークは〝これまでクイックを習ったことがない〟というのでその方法を教えていますが、その結果これまでできなかった、下半身を使ったピッチングができるようになりました。優勝するためには後半戦、バンデンハークの活躍が必要だと思うので期待しています」と語った。

トゥサンの石山一秀二軍監督（63歳）は「内野手が足りない」と悩みを口にした。7月は雨で中止になったゲームが多かったものの、外野手のパク・コンウとキャッチャーのチャン・スンヒョンをセカンド、一塁手のキム・ジェファンをショートで起用しなければならない程、内野手が足りない状況だ。

石山監督は「選手があちこち痛いと言って、試合に出られないことが多々あります。今年は練習場を工事しているので、練習量が足りないのも原因のひとつです。これは我慢しなければならない点です」と話した。

今年初めて韓国のユニフォームに袖を通した香田勲男二軍投手コーチ（48歳）は育成と一軍からの要望の間で葛藤している。「二軍投手コーチの立場からすると、もう少し二軍で修正したい投手を一軍に送らなければならないケースがあります。日本でもあることですがそれをどうするかが役割のひとつです」。

トゥサンの香田勲男コーチ（写真左）とユ・ヒグァン

コヤンワンダーズの投手、小林亮寛（34歳）は韓国生活2年目。今年も目標は韓国プロ野球入りだ。小林は中継ぎ兼抑えとして21日現在、14試合に登板し4勝3敗2セーブ、防御率2・25を残している。「自分の役割を果たしながら、チャンスをつかみたい」と話す小林。しかし今年は外国人選手の入れ替えが少なく状況は厳しい。

5月のトゥサン戦に登板した小林を見た対戦相手の石山監督は「どの球団も先発投手を探している。リリーフをやっている現状でチャンスを得るのは簡単ではないだろう」と話した。また香田コーチは「あの試合だけを見るとコントロールに苦しんでいた」と話す。小林の挑戦は外国人選手の登録が締め切られる8月15日まで続く。

今年のリーグ全体の印象について門倉インストラクターは新球団NCの選手の成長を感じている。「開幕2カード目で対戦した時、NCのバッターは一軍のピッチャーの球についてこれなかった。でも最近はかなり対応できるようになっています」。

前半戦が終わったこの時期は日本から渡った面々にとって、韓国での生活に疲れが見え始める時期だ。しかし今年の彼らは活力に満ちている。オールスターブレイクでの気分転換を経て、日本出身者たちは後半戦に向けて気持ちを一層引き締めていた。

2013年12月3日

トゥサン・石山新監督の「おっちゃんリーダーシップ」

「あんまり偉くなると責任も心配も増えて大変ちゃうか？　ははは」。

2009年のある日、トゥサンのキム・テリョン部長が団長（日本におけるゼネラルマネジャー、GM）に昇進したことについてこんなことを言っていた人がいた。

その人は11月27日、トゥサンの監督に就任した、石山一秀（登録名ソン・イルス、63歳）氏だ。当時、東北楽天のプロ担当スカウトだった石山監督は、長年の付き合いであるキム・テリョン団長を気遣って冗談交じりにそう言った。その石山氏が4年後、チームの現場のトップに立つとは誰も想像しなかっただろう。それは石山監督本人も同じだ。「監督になるなんて青天の霹靂です」。石山監督はその経緯についてこう説明した。

「11月23日にトゥサン球団幹部との面談がありました。その時、〝監督候補の中の1人です。もし監督になった時はどんな野球をしたいですか？〟と聞かれました」。トゥサンは今季二軍を統括していた石山監督を単に昇格させたわけではなく、面談やいくつかの過程を経て決定を下した。それは会社の人事に当たるような手続きだった。

石山監督とはどんな人物か。筆者が常に感じるのは「情に厚いおっちゃん」だ。おっちゃんという表現は少々威厳に欠くが、どんな人でも分け隔てなく親しみを持って接してくれる気さくな人という意味での「おっちゃん」だ。このことを石山監督に伝えると、「おっちゃんやなくて、おじいちゃんやろ」と言って笑った。

筆者は石山監督が楽天のスカウトを務めていた時、二軍の球場で会うことが多かった。日本球界で顔が広い石山監督は年齢や立場に関係なく色々な人に声をかけていた。見知らぬ同士が顔を合わせると、両者の仲

春季キャンプで選手の動きを見つめる石山一秀監督

を積極的に取り持つのが石山監督のスタイル。その姿は二軍監督を務めている時も変わらなかった。いわば「コミュニケーションの達人」だ。

石山監督は2004年まで大阪近鉄でブルペンコーチを務めていた。ブルペンコーチには投手が気分よくピッチングできるように、高いキャッチング技術とコミュニケーション能力が必須となる。石山監督はその役割に長けていた。メジャーリーグで123勝を挙げた野茂英雄が近鉄に在籍していた時も、ブルペンで多くの言葉を交わしたという。

どんな人とでも親しみを持って接する石山監督だが、厳しい一面もある。特に規律、礼儀については特に神経をとがらせる。それを守らなければ怒りをあらわにすることもある。一方で誠実な人に対してはその人が持っている能力を最大限に発揮できるよう配慮を欠かさない。監督としては自分のカラーを出すことよりも、コーチ陣と協力して成果を出していくタイプになるだろう。

そんな石山監督が成功を収めるにはどうすればいいか。それは選手やコーチが石山監督という「親しみやすいおっちゃん」を「最高の男」にするために団結することが重要だ。石山監督の「おっちゃんリーダーシップ」はトゥサンにどんな風を吹き込むか。

…それから…

石山監督率いるトゥサンは2014年のシーズン序盤、好位置につけるも6月以降失速。借金9の6位でシーズンを終え、1年限りで退任となった。

2014年12月2日

日本復帰、芹澤コーチの5年間

「シーズンが終わってリュ・ジュンイル監督に辞めることを伝えたら、監督に〝何で辞めるんだ〟と怒られました。〝ずっと一緒にやろう〟と。ありがたい話です」。今季までサムソンに在籍した芹澤裕二コーチ（46歳）は11月26日、東京ヤクルトの二軍バッテリーコーチとして契約した後、そう話した。

2010年にSKのコーチとして韓国球界入りした芹澤コーチは、2012年にサムソンに移籍。今年までの5年間で4度、韓国シリーズ優勝を経験した。韓国で芹澤コーチは喜びと同時に責任感に満ちた時間を過ごしてきた。

「韓国の若い選手はコーチが指示すると、それを信じてその通りにやります。こちらを信頼してくれることはありがたいですが、もし間違ったことを教えたら失敗につながります。言葉の壁もあるので、伝え方にはものすごく気を遣いました」。

芹澤コーチの責任感は、昨季はイ・ジヨン（28歳）、今季はイ・フンリョン（25歳）ら経験が少ない捕手を指導するたびに大きくなった。「投手のボールが捕手の要求したコースとは違うところにいって、その結果ヒットを打たれても、批判は若いキャッチャーに向けられます。しかし配球は単純な結果の前に、僕らにしかわからない理由もあります」。

芹澤コーチはそう言って常にイ・ジヨンとイ・フンリョンを守った。そんな芹澤コーチについてイ・ジヨンはこう話す。「失敗してもあれこれ考えるな、そして諦めるなと言ってくれました。芹澤コーチはいつも僕を信じてくれました」。

芹澤コーチはベテラン捕手のことで悩んだ時期もあった。SKではパク・キョンワン（現SK育成統括）、サムソンではチン・ガプヨンといった共に球界を代表する捕手がチームの正捕手を務めていたからだ。芹澤コーチは日本での現役時代一軍での出場経験がない。パク・キョンワンとチン・ガプヨンからすると、芹澤コーチにどの程度能力があるのか気になるところだった。

芹澤コーチはサムソンに移籍した2012年のキャンプでこんなことを話した。「チン・ガプヨンは色々質問をしてきます。答えがわかっていてもわざわざ聞きにきます。きっと僕がどの程度野球を知っているのか確認するためです。それはパク・キョンワンと初めて会った時にもありました。そうやってたくさん会話を交わした時期を経たから、後に信頼が生まれたのだと思います」。

韓国の選手とコミュニケーションを取り続けていた芹澤裕二コーチ

芹澤コーチには外国人ゆえの責任感もあった。「僕がコーチに就くことで他のチームに移ったコーチや、役職が変わったコーチもいました。それを考えるとちゃんとやらないといけないと思っていました」。

成績が良いチームにいたにも関わらず、ストレスが溜まり皮膚に湿疹が出たことや、体調を崩した時もあった。そんな時には通訳が自分の奥さん手作りのおかゆを届け、芹澤コーチはそれを食べて英気を養った。

6年ぶりに日本球界に復帰する芹澤コーチ。しかし新たな悩みがある。「サムソンの時と同じでヤクルトのコーチ陣は自分を除いて全員（17人）がヤクルト出身者です。外から招かれた者として責任を感じます」。

11月11日、サムソンは韓国シリーズ第6戦で優勝を決めた。その試合後、芹澤コーチは生まれて初めてサムソンの捕手たちから胴上げされた。重責を担いながらも韓国で結果を残し、信頼を得てきた芹澤コーチ。新たな環境でも充実した日々を過ごしてくれることを願いたい。

83

日本にやってきた韓国人たち2

イ・ボムホを気遣うムネリン
2010年2月16日

神宮球場「韓流デー」大盛況
2010年6月9日

キム・テギュンが振り返る交流戦
2010年6月15日

イム・チャンヨン、
負けず嫌いが挙げた通算100セーブ
2011年5月9日

通訳と家族の絆で結ばれるイム・チャンヨン
2011年5月23日

昇格厳しいイム・チャンヨンが見せた意外な姿
2012年5月15日

チョ・ウォンウ、充実の千葉ロッテコーチ研修
2010年8月17日

パク・ソクチンコーチが語るイ・ヘチョン。
そして日韓の違い
2010年9月15日

キム・ビョンヒョン、一軍昇格準備完了
2011年7月5日

チョ・ソンミン、あの日がなければ……
2013年1月15日

2010年2月16日

イ・ボムホを気遣うムネリン

今年、福岡ソフトバンクの一員になったイ・ボムホ（28歳）は、2月1日から始まった宮崎での春季キャンプに参加。新たな環境で日々、試行錯誤を続けている。「日本のキャンプは初めてなのでシステムがわかならなくて、最初はすべての面で驚きました」。

そのイ・ボムホにはチームの中に力強い味方がいた。それは三塁手のイ・ボムホと共に三遊間を守る遊撃手の川崎宗則（28歳）だ。川崎は俊足の好打者として2006、09年とワールド・ベースボール・クラシック（WBC）代表選手として活躍。北京オリンピックでは左足を負傷しながら出場を続けた全力プレーも魅力の選手だ。

その川崎は選手として優れているというだけではなく、人間的にも評価が高い。川崎はチームの選手会長として、また同い年のイ・ボムホの面倒を積極的に見ている。外国人選手に対して「俺がサポートする」と口にする選手はどのチームにもいるが、川崎の徹底ぶりには目を見張るものがある。

イ・ボムホと川崎は練習を行うグループが同じ組で、いつも同じスケジュールで動いている。そのため、メイン球場からサブグラウンドに移動する際も2人は共に行動している。球団関係者によると、昨年まで川崎はグラウンドを移動する際、必ず走って移動していたという。それは追いかけてくるファンと一定の距離を保つことで、練習に緊張感を維持するためだった。しかし今年は横にいるイ・ボムホの歩調に合わせて移動する配慮を見せている。

「ムネリン」という愛称で幅広い世代から愛されている川崎。その周りにはいつもたくさんのファンが集まり、川崎は時間に余裕がある時には気さくにファンとの記念撮影に応じていた。そんな時も川崎はイ・ボムホを指差し、ファンに向けて「（彼を）ボムちゃん

練習中に笑顔を見せるイ・ボムホ

と呼んでください」とイ・ボムホにも興味を持ってもらえるように気配りをしていた。

日本のキャンプスケジュールは韓国に比べて細かく、分刻みで予定が組まれている。ある日の午後のメニューは守備練習のあと、ブルペンへ移動し投手の球を見て、次にバント、そして特守というメニューだった。慣れないイ・ボムホにとってはなかなか気の休まる時間がない。その様子を見た川崎はブルペン練習の際、周りにコーチの姿がないことを確認するとイ・ボムホにこう言った。「これはやらなくても大丈夫。この時間は気楽にストレッチをしよう」。そう言って20分程室内練習場で身も心もほぐれる時間を過ごした。ブルペン練習は正式に組み込まれた練習の一部ではあるが、レギュラークラスの川崎とイ・ボムホならば、上手に手を抜くことも許されることだろう。緊張が続くイ・ボムホへの川崎流の配慮だった。

「ボムちゃん、チョアヨ（良いです）！」。イ・ボムホを激励する川崎の声は幾度もグラウンド中に響き渡っていた。

…それから…

２０１０年のイ・ボムホはソフトバンクでの一軍出場が48試合にとどまり、１年で退団。翌２０１１年に韓国に復帰し、ＫＩＡの中心打者として活躍している。

2010年6月9日

神宮球場「韓流デー」大盛況

「せーの、ヒムネラ（がんばれ）！」。

6月6日、東京ヤクルト対千葉ロッテが行われた神宮球場に韓国語の大合唱が響いた。この試合のイベント名は「韓流デー」だった。

韓流デーを企画したヤクルト球団の広報担当者は実施経緯をこう話す。「シーズン前からパ・リーグとの交流戦で、何か実施できないかと考えていました。ウチには韓国人選手のイム・チャンヨンがいますし、ロッテには今年からキム・テギュン選手が入団したので、ロッテ戦に韓流デーを実施すればスポンサー企業としても協力しやすいのではないかと実施しました」。

このイベントで球団が力を入れた企画のひとつが観客全員にハングルで「ヒムネラ」と書かれた応援ボードを配布したことだ。「イム・チャンヨンだけではなく、ロッテファンの人にもこのボードを使って、キム・テギュン選手を応援して欲しいと思っています」。

このイベントは自分のチームだけではなく、相手チームの選手の応援も含めた企画という大変珍しいものだった。

ヤクルト側の思惑通り、キム・テギュンが打席に入ると千葉ロッテのファンはヒムネラボードを掲げて声援を送った。この応援ボード、裏面にはイム・チャンヨンのメッセージや詳しいプロフィール、そしてスポンサー企業の紹介、球場近隣飲食店のクーポンも掲載されていた。

また、場外には韓国食材の企業が出店。日本では通常、「球場の食べ物は高い」という印象があるが、この日は海鮮チヂミ300円、韓国版ホットケーキのホットクが200円とリーズナブルな価格で販売されていた。その結果、商品は飛ぶように売れて、試合開始1時間前には用意した各300食が売り切れとなった。今回出店した食品会社の担当者は、韓流デーへの協賛について「売り切れたといっても、正直、利益が出るということはないです。ただ、イム・チャンヨン、キム・テギュン両選手のおかげでいいイベントの機会を持つことができました」と話した。

この試合では始球式を韓国でも活躍する女優・笛木優子が務め、観客へのプレゼント抽選会では旅行会社や化粧品メーカーから豪華賞品が提供された。

試合は、千葉ロッテが5回終了まで3対0とリードしていたが、ヤクルトが7回に6対3と逆転。そして迎えた9回表、この試合最大の盛り上がりが訪れた。右膝痛で登録抹消されていたイム・チャンヨンが、この日一軍復帰しマウンドに上がったからだ。

「ヒムネラ、イム・チャンヨン！」繰り返される声援を受けたイム・チャンヨンは打者4人を被安打1、無失点に抑えゲームを締めくくり、7セーブ目を挙げた。5月のヤクルトは20試合で3勝しかできなかったが、6月に入り5試合で3勝と上向きだ。試合後のイム・チャンヨンは「膝は問題ない。これからはもっとマウンド上がりたい」と爽やかな笑顔を見せた。そして韓流デーについては「こういったイベントを通して、韓国を知ってもらえるのは嬉しい」と話した。

両チームに韓国人選手が在籍することで実現した韓流デー。ヤクルトにとっては球団マーケティングの新たな可能性を見出し、イム・チャンヨンの登板で勝利を飾るという最高の内容となった。

2010年6月15日
キム・テギュンが振り返る交流戦

「自分にとっては日本のすべてが初めてなので、交流戦と言ってもパ・リーグでの試合とあまり違いはなかった」。キム・テギュン（28歳／千葉ロッテ）は自身の「日本プロ野球第2章」となる交流戦についてこう振り返った。

キム・テギュンは交流戦で最も記憶に残った試合に、5月16日の巨人戦を挙げた。その試合、キム・テギュンは2本のホームランを放ち、2本目のアーチは6対10で迎えた9回表に飛び出した追撃の価値ある2ランホームラン。さらにこの一発はキム・テギュンにとっても記念すべき日韓通算200号となった。

この日、試合後にキム・テギュンが発したある一言がとても印象的だった。「9回表の場面はホームランを打たない方がチームは勢いづいたかもしれない。ホームランは得点が入っても流れが止まってしまうから」。自分のホームランより、チームの勢いを重視したその一言は、「キム・テギュンはチームを第一に考える男」として日本メディアでも話題になった。

また、最も印象に残った対戦について聞くと、6月9日の広島・前田健太との対戦を挙げた。「直球、変化球すべてのボールが良かった」と振り返るキム・テギュンの前田との対戦は、1、2打席と外角の変化球で空振り三振。3打席目は見逃しの三振。4打席目は粘って四球を選び3打数3三振1四球という内容だった。前田は抜群の制球力と強い責任感でプロ4年目ながらエースの風格満点の投手。この試合、延長12回2対2の引き分けとなったが、前田は9回まで1人で143球を投げ、キム・テギュンの強打者としての本能を燃え上がらせる存在感を印象づけた。

今年で6年目になる交流戦はオリックスが優勝し、これで6年続けてパ・リーグのチームが優勝を収めた。順位もパ・リーグのチームが上位に並んでいる。この結果についてキム・テギュンは「パ・リーグとセ・リーグではバッテリーの配球に差はないが、投手力はパ・リーグの方が上」と分析した。

現在、61打点でパ・リーグ打点部門1位のキム・テギュン。強いパ・リーグを代表する4番打者・キム・テギュンは交流戦でも24打点を上げ、1位タイの成績を残した（6月13日現在）。

6月13日、千葉ロッテの交流戦ラストゲームとなった阪神戦。この試合は両チームとも一歩も引かない展開となり、8対8の同点で延長戦に突入した。迎えた10回裏、千葉ロッテは2番からの攻撃。キム・テギュンにサヨナラの舞台は整った。しかし、フィナーレを飾ったのはキム・テギュンの前の打者、3番・井口資仁のバットだった。井口は阪神・藤川球児の初球ストレートをライトスタンドに運び、千葉ロッテは交流戦を勝利で締めくくった。

試合後、千葉ロッテの西村徳文監督は「阪神に3連敗していたし、締めくくりとしてはいい勝ちだった」と話した後に、「交流戦も終わってこれから先、また長い戦いが始まる」と気持ちを切り替えた。

千葉ロッテは4日間試合がなく、6月18日からパ・リーグ公式戦が再開する。キム・テギュンがこれから迎える日本プロ野球第3章は西村監督の言葉通り、長い戦いの始まりとなる。

千葉マリンスタジアムのロッテリアには「キムチ・テギュンバーガー」が登場。キム・テギュンがホームランを打つと定価400円が、背番号52にちなんで52食限定で50円に割引して販売された。

…それから…

この年、千葉ロッテは公式戦を3位で終えるも、クライマックスシリーズを勝ち上がり、日本シリーズに進出。日本シリーズでは中日を倒して日本一となり、「史上最大の下剋上」と呼ばれた。そしてキム・テギュンはプロ入り以来、初の優勝を味わった。

2011年5月9日

イム・チャンヨン、負けず嫌いが挙げた通算100セーブ

5月4日の東京ヤクルト―中日戦。4対2で迎えた9回表にマウンドに上がったイム・チャンヨン（34歳／ヤクルト）は、今季4セーブ目を挙げ、日本通算100セーブを達成した。この日の神宮球場は3万1263人の満員。試合後、ファンから祝福の言葉を受けたイム・チャンヨンは、いつも通りの落ち着いた様子を保ちながら、少し高揚した表情で大記録達成を振り返った。

「抑え投手としてセーブを重ねることは重要なので、通算100セーブというのは意味ある数字です。日本に来た頃と今では考え方に変化があります。当時は（韓国で）成績が良くなくて、1試合1試合緊張してひじが痛くないか気にしていました。しかし今は違います。100セーブ挙げた中で一番印象に残っているのは、日本での初セーブ（2008年3月29日巨人戦）です」。

抑え投手イム・チャンヨンの魅力は、威力ある直球はもちろん、負けず嫌いの性格にある。これまでで最も苦手だった打者について尋ねると、こんな答えが返ってきた。「秘密です。もしそれを言ったら、相手のバッターが自信を持つでしょ」。そして「良くない結果はすぐに忘れます。悔しかった試合のことは思い出さないようにしています」と話した。

そんなイム・チャンヨンに今現在、日本にいない選手に限定して、悔しかった対戦について尋ねるとこう答えた。「日本でプレーする前のことですけど、札幌での試合ですね（2003年アテネ五輪予選）。福留（孝介／カブス）にノーボール、2ストライクから投げたチェンジアップが失投でした」。この投球でイム・チャンヨンは福留にライトへタイムリー二塁打を喫する。追い込んだ場面で直球ではなく、変化球を打たれたことが悔いとなっている。逃げることが嫌いな

イム・チャンヨンらしい言葉だった。

記録達成から一夜明けた翌5日。クラブハウス前ではファンたちが「おめでとう」とイム・チャンヨンを出迎えた。同僚のトニー・バーネットは「今日、キミは誕生日か？」とイム・チャンヨンに声を掛けた。イム・チャンヨンの手にはたくさんのプレゼントがぶら下がっていたからだ。しかし、イム・チャンヨンにお祝いムードはない。「100セーブを達成したからといって、シーズンが終わったわけではない。既に新たな気持ちで臨んでいます」。

感情を表に出すことは少ないが、秘めた思いは人一倍熱いイム・チャンヨン

今季を3連敗でスタートしたヤクルト。その状況に「今年は投げる機会があまりないかもしれない」とこぼしていたイム・チャンヨンだったが、その後チームは引き分け1つを挟んで9連勝。広島と並んでセ・リーグ1位だ。「先発投手たちがいいピッチングをし始めたので、これから毎日投げなければいけないかと嬉しい心配が増えた」とイム・チャンヨンは笑顔を見せた。

「シーズンが終わるまで首位をキープしたい。今はチームのムードがいいので、自分のせいで負けてチームの雰囲気を悪くすることはしたくないです」。

100セーブを達成し、チームは首位。イム・チャンヨンは充実した日々を過ごしている。

通訳と家族の絆で結ばれるイム・チャンヨン

日本でプレーする韓国人選手が軒並み苦しんでいる中、東京ヤクルトのイム・チャンヨン（34歳）は2008年の来日以来、成功を続けている。今回はその姿をずっと傍らで見つめている人を紹介しよう。

シン・ジュンモ通訳（46歳）は2000年に巨人に入団したチョン・ミンチョル（現・ハンファコーチ）の通訳担当になったのをきっかけに、球界と関わりを持つようになった。「（チョン）ミンチョルも（イム）チャンヨンもどちらも性格がいいので、特に苦労することなく仕事ができています。私は運がいいのかもしれません」。

シン通訳はイム・チャンヨンの日本1年目に、いくつかのアドバイスをした。「以前の経験から、日本人の特徴や習慣について話をしました。日本は何事も原則を重視する国だから、それをよく理解した方がいいと話しました。でも、必ず何かを守れと言ったことはありません。強いて言うなら誤解を生まないように、〝私服を着ている時に女性ファンと写真を撮るな〟と言った程度です」。

イム・チャンヨンの成功の秘訣についてシン通訳はこう話す。「彼はプライドと集中力が誰よりも高いです。そして野球をよく知っています。彼は試合を見ながら、監督の投手交代のタイミングについて私が質問すると、〝今の状況を見て分からないんですか？〟と細かく説明してくれます」。

通訳で最も重要な仕事は、チームの戦略を選手に正確に伝えることだ。シン通訳はこの点について、「ミーティングでは聞いた内容をそのまま通訳するのではなく、〝このバッターは内角球に弱い〟といった情報をいったん紙に日本語で書いてもらって、それを翻訳してチャンヨンに伝えています」。チーム間の意思疎通がきちんと図られていることが、イム・チャンヨン

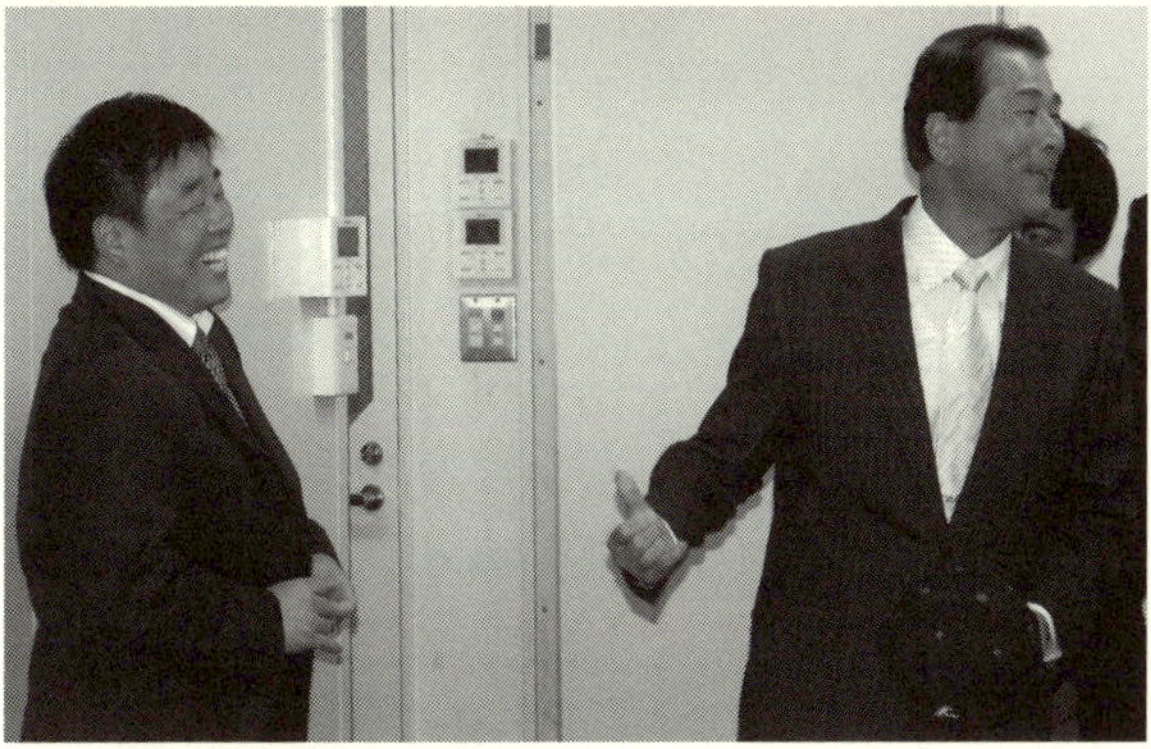
シン・ジュンモ通訳（写真左）と高田繁監督

の好調維持にプラスに働いている。

ヤクルトは日本の球団の中でも、家族的なことで知られているが、シン通訳もその家族の一員だ。「荒木（大輔）投手コーチや、石川（雅規）、相川（亮二）、宮本（慎也）、福地（寿樹）、ココ（バレンティンの愛称）を始め、みんな親しく接してくれます」。試合前の練習時、選手たちが年長者のシン通訳にちょっかいを出す光景をよく目にする。彼の周りには笑いが絶えない。

ではイム・チャンヨンはシン通訳のことをどう見ているか。「通訳としては、あまり仕事をしていませんね（笑）。最近は私がある程度、日本語を分かるようになりましたから。ただ、1年目に自分が知らない日本のシステムなどをしっかり教えてくれたことで、無理なくチームに溶け込むことができました。シン通訳はどんな存在かって？　それは家族ですね。みんなを家族だと思っています」。イム・チャンヨンの頬がほころぶ。

「これまでの3年間、チャンヨンがずっといい成績を残しているので辛いことは一度もなかったです。今年、彼は年俸も上がって、これまで以上の結果を求められる年だと思います。負担がかかる年ですが、それを横から支えていきたいです」。シン通訳はそう言って表情を引き締めた。

イム・チャンヨンは通訳、チームメイトと強い家族の絆で結ばれている。

2012年5月15日

昇格厳しいイム・チャンヨンが見せた意外な姿

「最近ですか？　しんどいですね。韓国でも（ひじの）手術をした後にリハビリしていた期間を除いて二軍にいたことがないですから。どうやって過ごせばいいのか難しいです。これがいつまで続くかもわからないし」。

常に強気の姿勢を見せているイム・チャンヨン（35歳）の口から、弱気な言葉が次々と出てきた。イム・チャンヨンは日本に来て5年目の今年、開幕からずっと二軍にいる。その理由は外国人選手の一軍争いが激しいからだ。

今年、ヤクルトには支配下選手登録されている外国人が6人いる。その中で、一軍でプレーできるのは4人だ。本来、ストッパーとして絶対的な役割を任されているイム・チャンヨンが、まずその座を確保し、残りの3つのイスを他の選手が争うだろうと、誰もが思っていた。しかし、春季キャンプとオープン戦で状態が上向かなかったイム・チャンヨンに代わり、バーネット、ロマノの2投手と、バレンティン、ミレッジの打者2人が一軍登録された。この4選手はここまで役割を果たし、ヤクルトは13日現在、1位と1ゲーム差の2位につけている。

イム・チャンヨンは二軍で10試合に登板、1勝2セーブ防御率4・09という成績だ。この数字を見ると、一軍昇格はだいぶ遠いように思える。しかし、伊東昭光二軍投手コーチはそうではないと話す。「ボールは悪くないです。故障もないですね。11日の試合では1点取られましたが、フォアボールとワイルドピッチによる失点で打たれてはいません」。伊東コーチはさらにこう続けた。「イム・チャンヨンのことは二軍でも勝ちゲームの抑えとして起用していますが、（二軍では）なかなか、モチベーションが上がらないみたいです」。イム・チャンヨン自身も「緊張感に欠けているのは事実」と気持ちが盛り上がらないと話した。

そんな中でイム・チャンヨンは何もせずに一軍から声が掛かるのを待っているわけではない。「年のせいか、体力が落ちてきているのを感じています。元々、ウエイトトレーニングを多くやるほうではないですが、最近はトレーナーと一緒に下半身を中心にしたトレーニングをしています。二軍はほとんどデーゲームで、夜はすることがないので、家で休んでいる時も、部屋にあるマシンで鍛えています」。

このようなイム・チャンヨンの姿勢について伊東コーチは「一生懸命にトレーニングしている姿は若手選手の手本になっている」と評価した。しかし、「他の外国人がそこそこやっているから、イム・チャンヨンが上に上がるのは難しいですね」と話した。

「今はチーム（一軍）の雰囲気が良いので、自分は必要とされていないね」と笑顔を見せながら、仕方ないというそぶりを見せたイム・チャンヨン。昨年までのシーズン中には見られなかった、彼の柔らかな表情だった。

またイム・チャンヨンは筆者が書いた韓国プロ野球観戦ガイド&選手名鑑を手に、かつての同僚の写真を見ながら「来年は自分も韓国に戻ろうかなぁ」とこぼした。その言葉は本心ではないだろうが、勝負師イム・チャンヨンらしくない一言だった。

イム・チャンヨンは球速、球威、そして体力の面で、一軍に上がる準備はできている。しかし、それがいつになるかは予測がつかない状況だ。


…それから…

2012年、イム・チャンヨンの一軍出場は9試合。同年限りでヤクルトを退団した。その後渡米し、2013年はカブスでプレー。2014年に韓国球界に復帰し、古巣サムソンで2015年には最優秀救援投手になった。しかし同年10月に海外での違法賭博問題が発覚しサムソンを退団。韓国野球委員会（KBO）からは出場停止処分を受けた。2016年からはKIAに在籍し、処分期間が解けたシーズン中盤から抑え投手を務めている。

2010年8月17日 チョ・ウォンウ、充実の千葉ロッテコーチ研修

「最近は現役の頃のように充実した時間を過ごしているので、1日が早く過ぎていきます」。

8月15日、千葉ロッテでコーチ研修中のチョ・ウォンウ（39歳／元ハンファ）は笑顔でそう話した。

「日本の野球からは基本的なことをたくさん学んでいます。ベースカバーやベースランニングといった反復練習を当たり前のことのようにやっています。そして感じたのは監督と選手、コーチと選手の対話が大事だということです。高橋慶彦二軍監督は選手とよく話をします。叱るだけではなく時には褒めて、一定の距離を保ちながらアメとムチをうまく使い分けています」。高橋二軍監督は現役時代、猛練習が代名詞の80年代の広島でスイッチヒッターとして大活躍。指導者としては西岡剛を育てたことでも知られている。

得るところがある一方で日韓の違いからくる戸惑いもあるとチョ・ウォンウは話す。「いつもきっちり同じスケジュールをこなすので、あまり流動性がありません。昨日（8月14日）、一軍にいるキム・テギュンと会ったのですが、そのことで〝体力的にきつい〟と話していました。本来、外国人選手やベテランは自分の体調に合わせて、練習メニューを減らすことができます。しかしテギュンは性格的にそれができず、同僚と同じ練習メニューを消化するのでそれが大変そうでした」。

また韓国との共通点についてチョ・ウォンウは「想像していたよりも先輩と後輩の関係がしっかりしている」と話す。「日本と韓国の上下関係に大きな差は感じていません。監督にカリスマ性を求めるところも同じですね。前に千葉ロッテでコーチ研修をしたヨム・ジョンソク（現・ロッテ二軍再活コーチ）からは〝千葉ロッテは練習量が少なくて楽。午前中に練習が終わることもある〟と聞いていましたが、それはボビー・

バレンタイン監督時代の話で、今は試合後に練習をすることもあります。練習量はとても多いです」。

現在、チョ・ウォンウは埼玉県さいたま市にある千葉ロッテの寮で暮らしている。通訳はいない。ということで一人さびしい日々を過ごしているかと思いきや、生活面でも不便なことはないという。「周りの人々が自分をまるで選手のように扱ってくれて、親切にしてくれています。自転車や路線バスに乗って出かけることもあるんですよ。特に不便なことはないです。同じ市内には東京ヤクルトのパク・ソクチンコーチも住んでいて、巨人にはソン・ジンウ、キム・ヒョンウク先輩がいるのでさびしいということもないです」。

練習中、笑顔を見せるチョ・ウォンウ

チョ・ウォンウは今後の指導者人生について、「日本で得た選手との対話や指導方法を韓国で生かしたい」と話す。「私は現役を引退してすぐにコーチになりました。だから、野球を横から見るという経験がなかったのですが今、日本でその機会を得ています。それが今後、選手とコーチの関係を築く上でプラスになるのではないでしょうか」。

チョ・ウォンウは異国の地のグラウンドで、生き生きしたとコーチ研修を過ごしている。

…それから…

チョ・ウォンウは韓国帰国後、ロッテ、トゥサン、ＳＫのコーチを経て、２０１６年からロッテの監督に就任した。

2010年9月15日

パク・ソクチンコーチが語るイ・ヘチョン。そして日韓の違い

約3ヶ月間、二軍生活が続き、このまま今シーズンが終わってしまうのではないかと心配された、イ・ヘチョン（31歳＝東京ヤクルト）。しかし、8月31日に一軍に昇格すると、6試合に登板し4回2／3を被安打1、無失点に抑える好投を続けている。イ・ヘチョンは長い二軍生活で何を得たのだろうか。ヤクルトで二軍投手コーチを務めるパク・ソクチンコーチ（38歳）にイ・ヘチョンについて、そして日韓の投手の違いについて聞いた。

「イ・ヘチョンの魅力は力のある直球です。一方でコントロールが良くないという短所があります。その長所と短所の両方を生かすことが必要でした。プロ野球選手には2つのタイプがいて吸収力はあるのにすぐ忘れてしまうタイプと、もうひとつはなかなか理解できないけど理解すると持続するタイプです。イ・ヘチョンはその前者にあたります。そのためイ・ヘチョンには八木沢壮六投手コーチが腕の動きについて毎日注意して、本人が完全に理解するまで続けました。目的としてはまず初球にストライクを取るためです。早いカウントで勝負できるようにすることで2球目以降、イ・ヘチョンの直球が生きるようになってきました。イ・ヘチョンはグレードアップしました」。

中継ぎ投手として役割を果たしているイ・ヘチョン。その裏には二軍の指導者たちの熱意があった。

今年が日本でのコーチ生活2年目になるパク・ソクチンコーチ。続いて日本と韓国の投手の違いについてはこう話す。「クイックモーションに差があります。日本の投手たちにクイックモーションが1・20秒を超える投手はいません。しかし、韓国は1・25～1・30秒の投手がたくさんいます。韓国の盗塁王の盗塁の数は60以上ですよね。盗塁を与えてしまう責任の70％は投手にあります。それが韓国と日本の違いです」。

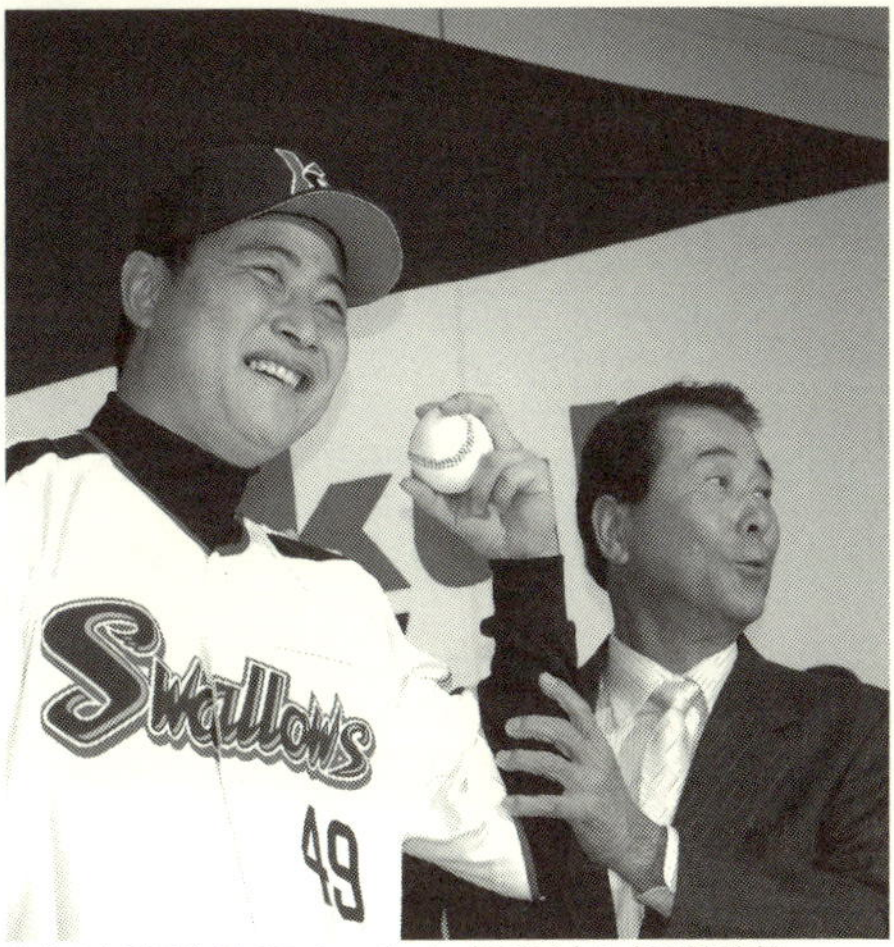

ヤクルト入団会見でのイ・ヘチョン（写真左）と高田繁監督

それではどのようにすれば、韓国の投手たちもクイックを上達できるだろうか。パク・ソクチンコーチはこう話す。「クイックは腕の振りが小さくなるので、球威が落ちると言われ、韓国の投手は球速に3～5キロの差があります。しかし、日本の投手たちはテイクバックを小さくしても、足を上げた時の体のバランスに気を遣っているので、クイックで投げても球速が1～2キロしか落ちません」。

今年は11月に中国・広州でアジア大会が行われる。アジア大会の野球競技に韓国はプロ中心のメンバーで臨むが、日本は社会人と大学生で代表チームを構成する。その社会人の強豪チームとヤクルト二軍は4月に3試合を戦った。パク・ソクチンコーチは彼らにどんな印象を持ったか。「日本の社会人野球のレベルは高いと思いました。韓国代表の中で絶対的なエースと言える投手は、キム・グァンヒョンとリュ・ヒョンジンの左投手2人です。きっと社会人の選手たちは左投手に対する対策をしっかりとしてくるでしょう」。

コーチ研修として昨年日本に渡り、今年は正式なコーチとして選手指導に情熱を傾けているパク・ソクチンコーチ。彼が語る言葉はとても丁寧で理論的だった。

…それから…

イ・ヘチョンはヤクルトに2年在籍し、2011年に古巣トゥサンに復帰。その後、NCに移籍し、2015年限りで退団。現在はオーストラリアでプレーしている。またパク・ソクチンコーチは2012年からLGで二軍投手コーチを務めている。

2011年7月5日

キム・ビョンヒョン、一軍昇格準備完了

「既に一軍で投げられるレベルに達している」。

東北楽天・キム・ビョンヒョン（32歳）に対する、高村祐二軍投手コーチ（41歳）の評価だ。開幕直前に左足関節のねん挫で一軍登録から外れたキム・ビョンヒョンが、二軍で好投を続けている。13試合に登板し0勝1敗、防御率は1・23だ。

7月1日に会ったキム・ビョンヒョンは前回顔を合わせた2ヶ月前に比べて、終始穏やかな表情だった。「（体のバランスやボールの切れなどは）人それぞれ感覚が違うので正解はないけど、今の自分はしっかり投げられています」。

メジャーリーグでの輝かしい実績を誇る32歳。日本の二軍にいることで気力が低下することはないのだろうか。「どこにいても、常に自信を持って投げることには変わりないです」。

キム・ビョンヒョンの一軍昇格には、自身のピッチングや成績だけではない障害がある。それは外国人選手のエントリー枠の問題だ。日本の外国人選手の一軍登録人数は4人、同時に出場できるのは3人までと定められている。

高村コーチも外国人枠がキム・ビョンヒョンの一軍昇格の壁であることを認める。「キム・ビョンヒョンが一軍に上がれないのは本人の問題だけではない。今、彼がいいピッチングをしていることは一軍の首脳陣も知っています」。キム・ビョンヒョンの命運を握る1人が、現在、ストッパーを務めているスパイアーだ。

キム・ビョンヒョンにスパイアーの存在について尋ねると「彼もアメリカから来て頑張っているので、いい成績を残さなければならないでしょう。彼が落ちてくることを望むより、自分がいい状態を維持するだけです」と落ち着いた様子で話した。そして「現状、二軍の選手を抑えているのは当然の結果か？」と尋ねる

と、キム・ビョンヒョンは間髪容れずに「もちろん」と言った後、笑顔を見せた。
　1日の西武との二軍戦に登板したキム・ビョンヒョンは1イニングを投げ、打者5人に対しヒット2本を許すも無得点に抑えた。この日のストレートの最速は146キロだった。

アメリカ、日本を経て2011年に韓国プロ入りしたキム・ビョンヒョン

　キム・ビョンヒョンの投球について高村投手コーチは「魅力はやはりストレートです。春先には、やみくもに投げていたけれど、今は見違える程いいボールを投げている。二軍の選手が相手とはいえ、彼らは当てる能力は備えている。それを理解して変化球を大体のコースに投げる時と、きっちり制球する時を使い分けられればもっと良くなるでしょう」。
　また、この試合を観戦していた巨人の伊原春樹球団編成本部シニアアドバイザーはキム・ビョンヒョンについて、「直球が速い。緩急がないことと同じタイミングで投げるといった難点はあるが、低めに制球すれば内野ゴロを誘える」と分析した。
　キム・ビョンヒョンは2日と3日にも登板し、それぞれ1イニング、1回2／3を投げ無失点という投球内容だった。今季初の3連投。一軍昇格を期待させる起用方法だ。
「まだ一軍に上がるという話はないです。自分で決められることではないからね」と話すキム・ビョンヒョン。条件が整い一軍のマウンドに上がる日を、彼は待っている。

…それから…

キム・ビョンヒョンは日本で一軍登板することなく楽天を退団。2011年に韓国球界入りし、ネクセン、KIAでプレーしている。

チョ・ソンミン、あの日がなければ……

1月6日、元巨人の投手で昨年までトゥサンの二軍コーチを務めていたチョ・ソンミン氏（39歳）が亡くなった。死因は自殺だという。この悲報について日本では日刊スポーツが翌7日の1、2面で伝えたのをはじめ、複数のメディアが大きく報じた。

チョ・ソンミンの野球人生を振り返る中で思うのは、「あの日がなかったら……」ということだ。それは1998年7月23日、千葉マリンスタジアムで行われたオールスター第2戦での悲劇だ。

筆者は昨年4月、京畿道イチョン市のトゥサン二軍練習場にチョ・ソンミンを訪ねた。14年前の夏のマリンでのできごとについて尋ねるためだった。

その年、1998年のチョ・ソンミンは好スタートを切り、オールスターまでの前半戦を3完封を含む7勝で折り返した。そして巨人入団3年目で初のオールスター戦出場を果たした。一流選手が集う晴れ舞台。しかし、その夢の球宴でチョ・ソンミンは右ひじに故障を抱えながらピッチングをし、その後、長きに渡ってリハビリ生活を余儀なくされた。

チョ・ソンミンは当時をこう振り返る。「実はシーズン中からひじが痛かったんですが、その年は巨人の投手陣の調子がみんな良くなかったので、〝今、俺が休んだらチームはどうなる？　今はオレが巨人のエースだ〟って思って痛みを隠して投げていました。しかしオールスター戦で無理して投げたら腕に力が入らなくなりました。その時、（権藤博）コーチがマウンドに来たんですが、オールスター戦のコーチは他球団の監督が務めています。だから〝ひじが痛い〟と本当のことは言えず、〝ちょっと指が痛いです〟と言いました。するとその監督は、〝よく分からない〟という表情をしてベンチに下がり、結局、僕はピッチングを続けることになりました」。

リハビリを行う若手投手に声を掛けるチョ・ソンミン氏。この9か月後にこの世を去った

その日、チョ・ソンミンには不運が重なっていた。チョ・ソンミンがマウンドに上がった8回裏の時点で、セ・リーグが2対3で1点リードされていた。もしパ・リーグが先攻のセ・リーグを0点に抑えれば、9回表でゲームセット。9回裏の守りはない。しかしセ・リーグ打線が9回表に3対3の同点に追いついたことで9回裏も行われることになった。その時、セ・リーグのブルペンで待機している投手はゼロ。セ・リーグベンチはチョ・ソンミンが9回裏も続投することに何の疑問も抱かなかった。

チョ・ソンミンは当時を振り返って、3つの後悔があると言う。「ひとつ目はひじが痛いと言って、休めば良かったということ。二つ目はオールスター戦に出なければよかったということ。三つ目は少しでも早い段階で、〝投げられない〟と強く言えば良かったことです」。

チョ・ソンミンにとって「悪夢の球宴」となった1998年夏の記憶。しかしチョ・ソンミンはその時のことを笑いながら振り返った。「日本でたくさん苦労したことが、コーチとしてプラスになっています。ダメな選手の気持ちがわかりますからね」。

14年前の悲劇を「経験」と話したチョ・ソンミン。しかしその経験を後進に伝え切ることなくこの世を去ってしまった。そのことが残念でならない。

SoftBank
HAWKS
Bank
VKS

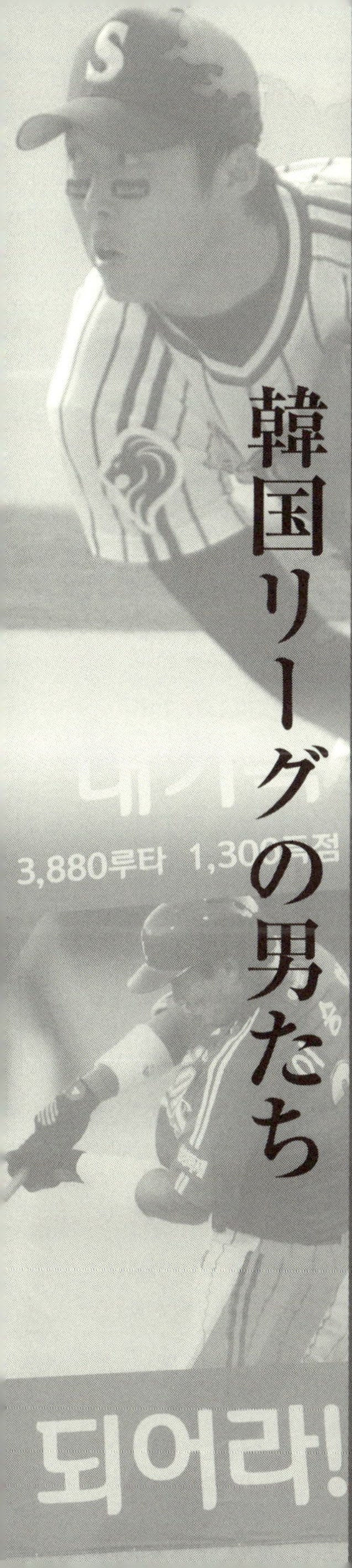

韓国リーグの男たち

2009年9月1日

スター選手が日本人観光客にだけ見せた「ミラクルプレー」

先週、韓国に訪問した日本人観光客が、ある選手の勘違いのおかげで一生忘れられない貴重な体験をした。

その舞台はテグのあるホテル。日本人観光客とは、筆者が企画しガイド役を務める「韓国プロ野球観戦ツアー」に参加した40代の夫婦だ。

8月28日、夫婦はテグ球場でサムソン対SKを観戦した後、宿泊先のホテルにチェックインした。そしてシャワーを浴びようと浴室に入ると、バスタオルが1枚足りない。そこで夫婦はフロントに連絡。タオルを持ってくるホテルマンの到着を、ドアを開けて待っていた。

しばらくするとホテルマンとは思えない、Tシャツ姿の男が部屋の奥までズカズカと入ってきた。呆気にとられる夫婦。男は夫婦の顔を見てハッとし、何を思ったのか「こんにちは！」と日本語で叫んで部屋を去って行った。突然の出来事に唖然とする夫婦。そして夫は男の顔を思い出し、声を上げた。「さっきの人はチョン・グンウ（SK）だ！」。

男は夫婦の部屋を出た後、隣の部屋へと駆け込んだ。その直後、隣室からは数人の男たちの大きな笑い声が夫婦の部屋まで聞こえてきた。夫婦の部屋に入ってきた男、チョン・グンウは球団が用意したトレーナー室（選手がマッサージや治療を受ける部屋）と夫婦の部屋を間違えたのだった。その直後、トレーナー室に飛び込んだチョン・グンウは失敗談を同僚に話して笑われていたようだ。

この夫婦は韓国の選手について詳しい方ではないが、チョン・グンウのことは知っていた。なぜなら、27日訪れたインチョン・ムナク球場でSK戦を観戦しチョン・グンウのアグレッシブなプレーを見てファンになっていたからだ。しかもファンになった記念にとチョン・グンウの背番号と名前の入ったユニフォームを購

試合前のテグ球場で記念撮影をした韓国プロ野球観戦ツアーの参加者たち。
この数時間後にミラクルプレーは起きた

入していた。

興奮が収まらない夫婦は、チョン・グンウに挨拶しようとユニフォームを手に隣の部屋をノックした。すると、トレーナー室の面々は夫婦を笑顔で招き入れ「深夜のファンミーティング」が始まった。チョン・グンウは夫婦が差し出したユニフォームに快くサインを記した。

このハプニングには5つの偶然が重なった。まず、夫婦の部屋がトレーナー室の隣だったこと。その部屋のバスタオルが1枚足りなかったこと。ドアを開けてホテルマンを待っていたこと。チョン・グンウが部屋を間違えたこと。そしてその部屋の主がチョン・グンウのファンだったということだ。

この日、試合ではホームスチールを決め、試合後にはホテルでファンの部屋への「盗塁」も成功させたチョン・グンウ。彼のミラクルプレーは日本人夫婦の心も完全に盗んだ。

ジャーニーマン、チェ・イクソンの新しい旅

「また彼は新しいことにチャレンジしようとしているのか?」

彼を知る多くの人はそう答えた。彼とは韓国最多の6球団でプレーし「ジャーニーマン(旅人)」という愛称で知られる元選手のチェ・イクソン(39歳)だ。彼が8月14日、筆者が企画・主催する東京でのイベント「韓流野球ナイト!チェ・イクソントークライブ」にゲスト出演する。

そのイベントを行うきっかけとなったのは、今年6月、チェ・イクソンから筆者への1本の電話だった。「今年3月に韓国で出版した自伝〝ジャーニーマン〟を日本人にも知ってもらいたい。自分のことを知ってもらいたいのではなく、自分のようにジャーニーマンとして世の中を渡り歩く日本人に勇気を与えたい。例えば、漫画の原作として広めることはできないか」。

チェ・イクソンの人生は波乱万丈だ。大学卒業後、練習生としてプロに入団し、入団4年目の97年には20—20クラブ(20本塁打、20盗塁)を達成。「練習生の星」となった。しかしその後は7度の移籍を経験し、ロッテとトゥサン以外の6球団でプレー。所属球団がなくなると韓国を離れてアメリカ独立リーグへと渡った。チェ・イクソンはそんな自分の生きざまを日本に伝えたいという。

諦めることなく挑戦し続けるチェ・イクソン。その生き方に共感する日本人もいるかもしれない。しかし、それがビジネスとして成り立つかというと話は別だ。書籍の出版に関して言えば、現在の日本の出版市場は厳しく、漫画の原作にすることも楽ではない。そのことを彼に正直に伝えた。

しかしチェ・イクソンと何度も会って話をするうち、少しでも彼の思いに応えることはできないかと心が動き始めた。その結論がトークイベント実施だった。ト

ークイベントであれば、大きな負担なく実施することが可能だ。また、チェ・イクソンが自分の人生を語る中で、韓国プロ野球の歴史も紹介することができる。そして、彼が俳優として出演したドラマ「ストライク・ラブ」が日本のスカパー！で放送されていることも後押しとなった。

筆者は早速、イベント開催の準備を進めた。それと同時に当日上映する映像用に、彼と関わりのある人々へインタビューを行った。彼らに日本でのイベント実施のことを伝えると、その反応は様々だった。サムソン在籍当時に同じ釜の飯を食べた、ペク・インチョン元監督とキム・テギュンコーチ（SK）は、「どのような経緯で日本に行くのか？」とチェ・イクソンが何か良からぬものに巻き込まれてはいないかと心配をした。

チェ・イクソンと同い年で親しいイ・スンヨン（ネクセン）は「彼のことを考えてくれてありがとう」と感謝の言葉を残した。また、後輩のイ・スンヨプ（巨人）は「兄さんまた挑戦ですか？」と笑った。

今週、チェ・イクソンは来日する。「これまでキャンプやドラマ撮影で日本に行ったことはあるが、東京は初めて。多くのものを見て感じることはこれからの人生にもプラスになるはずだ」と興奮を隠し切れない様子だ。

ジャーニーマン、チェ・イクソンの新たな旅が始まった。

東京でのイベントで引退セレモニーを行ったチェ・イクソン

…それから…

チェ・イクソンは現在、ソウル市に「ジャーニーマン野球育成士官学校」という野球スクールを開校している。

2010年10月18日

エース中のエース、ペ・ヨンス

「彼は背負っているものが違います。大きな舞台ほど乗っていくタイプですから、彼がサムソンのエースです」。

サムソン・落合英二コーチ（41歳）が話す彼とはペ・ヨンス（29歳）のことだ。近年の韓国プロ野球を代表する投手はリュ・ヒョンジン（ハンファ）、キム・グァンヒョン（SK）、ポン・ジュングン（LG）など左腕投手がほとんど。しかしエースの称号には正統派の右投手が良く似合う。その象徴的存在とも言えるのがペ・ヨンスだ。

ペ・ヨンスにとって今回の韓国シリーズは2006年以来。そのシリーズはペ・ヨンスにとって右ひじ手術前の最後の登板機会だった。「2006年と今回のシリーズを比べると、今年の方が楽しもうと思っています。優勝しなければならないというのは今も前も同じですが、前回はひじが痛い状態でしたから」。ペ・ヨンスはそう話す。

2006年の韓国シリーズでペ・ヨンスは第1戦に先発。その年の新人王、リュ・ヒョンジンとのエース対決で6回を4安打無失点に抑え、エースの風格を見せた。その後ペ・ヨンスは第3戦で延長12回に8番手として登板。その後も4、5、6戦に連続登板した。その姿は手術前の最後の気迫にすら見えた。その結果、サムソンはハンファを破り2年連続の優勝を果たした。「先発した後に抑えで投げるのは本当に難しかったです。だから、（チャン）ウォンサムは凄いですよ」。ペ・ヨンスは当時を振り返りながら、今年のプレーオフ第5戦でリリーフ登板し6イニングを0点に抑えた、本来は先発投手の後輩を称えた。

2007年に右ひじ手術を受けたペ・ヨンス。ひじの手術をした投手に話を聞くと、復帰後、ピッチングの途中にひじの回復を実感する瞬間があるという。

サムソンのエースとして、2006年の韓国シリーズ第1戦に先発したペ・ヨンス

ペ・ヨンスにもそれがあった「今シーズン後半、テグでのトゥサン戦でもの凄く切れのあるボールが投げられた時に〝戻った〟と感じました。ピッチャーはスコアボードに出る球速じゃなくて切れが重要です。自分の今のボールにはその切れがあります」。

ペ・ヨンスは今回の韓国シリーズで地元・テグでの初戦となる第3戦の先発に決まった。その理由のひとつを落合コーチは言葉に力を込めてこう話した。

「ペ・ヨンスにはテグ球場が良く似合います。〝うわさ〟もありますから、もしかしたらテグでの最後の登板になるかもしれない。テグのファンに彼の姿をしっかりと見せなければいけないと思いました」。うわさとはペ・ヨンスの日本進出だ。

最高の舞台、戻ってきた球威、そして限られた者だけが持つ風格。エース、ペ・ヨンスの姿を今年の韓国シリーズでは見逃せない。

…それから…

ペ・ヨンスは２０１０年の韓国シリーズ終了後、ＦＡ権を行使し東京ヤクルト入りが決まりかけたが、メディカルチェックの結果により入団には至らず。サムソンに残留した。２０１３年に14勝（４敗）で最多勝を獲得。２０１５年にＦＡでハンファに移籍した。通算１２８勝は韓国歴代６位。現役ではトップだ。

2012年10月29日

「代走屋」カン・ミョングの短期決戦での存在感

10月21日のセ・リーグクライマックスシリーズ、ファイナルステージ第5戦。巨人と中日の対戦は2対2の同点で9回裏を迎えた。この回巨人は代打4人、代走1人を起用。その策の甲斐あって巨人はサヨナラ勝ちを収めた。この試合でサヨナラヒットを放った巨人の代打要員・石井義人は、ファイナルステージMVPを獲得。選手層の厚い、巨人らしい結果だった。

一方韓国では主力と控え選手の実力差が大きく、代打や代走専門の選手を探すことが難しい。来年以降、球団数が増えるとそのような存在はさらに減るだろう。そんな中、長きに渡り「代走屋」として生き続ける選手がいる。サムソンのカン・ミョング（32歳）だ。

「もちろんバッターボックスに立ちたいと思っています。だけどチームのために僕ができることは走ることです」。カン・ミョングはそう話す。カン・ミョングはサンム（尚武。国軍体育部隊野球チーム）に所属した2009年に二軍北部リーグで首位打者になったことがある。一軍でも打席に立ちたい気持ちがあっても不思議ではない。しかし彼が一軍でプレーし始めた2005年から入隊期間を除いた現在まで、彼らしい役割と言えば代走だ。

俊足を生かし8割以上の成功率で通算97個の盗塁を決めてきたカン・ミョング。今年32歳になったが、「年を重ねて足が遅くなったと思ったことはない」と話す。しかし今後、体の衰えを感じた時、それを補うのは技術だ。

今年の春季キャンプで、サムソンのキム・ジェゴル走塁コーチ（40歳）はカン・ミョングやペ・ヨンソプなど足の速い選手にあるビデオを見せた。2007年から4年連続盗塁王を獲得した、西武・片岡易之（29歳）の映像だった。片岡は他の俊足と言われる選手と比べると、ずば抜けて足が速い方ではない。しかし走塁技術を磨いて数多くの盗塁を成功させてきた。そのビデオは片岡の技術を紹介するものだった。

片岡が実践しているのは二盗のスタートを切る時に、目的地である二塁方向に体重を移動させるのではなく、二塁側にある右足を、いったん重心の下に一歩引いてからスタート動作をするというものだ。こうすることで次の一歩目となる左足を自然に出すことができ、低い姿勢を維持しながら速く走れるという長所がある。

キム・ジェゴルコーチはその映像を選手に見せながら、「やりたければ試してみて、自分に合わなければやらなくていい」と話した。

プロ12年間で581試合に出場するも打席数は334。通算安打数はわずか57本だが盗塁は111個を数える。100盗塁を超える選手で安打数が2けた止まりなのはカン・ミョングだけだ。

キム・ジェゴルコーチはカン・ミョングについて「映像を最初に見せた頃は、片岡の走り方を取り入れていなかったけど、最近は真似をし始めたみたいです」と話した。カン・ミョングは本来の俊足に加え、新たな技術を試してさらに成功率を高める方法を探している。

カン・ミョングは韓国シリーズ第1戦で試合を決定づける1点を足で稼いだ。カン・ミョングに巨人の代打要員がMVPを獲得したという話をすると、「僕がMVPをもらうにはホームスチール3つしなきゃダメでしょ？　僕は注目される選手じゃないです」と笑いながら答えた。そうかもしれない。しかし短期決戦ではカン・ミョングのような脇役の存在が試合の流れを大きく左右することがある。

…それから…

カン・ミョングは2015年限りで現役を引退し、その後、サムソンのスコアラーとして活動している。

21U大会で注目、KIAイム・ギジュンへの期待

11月7〜16日に台湾で行われた21歳以下の国際大会第1回21U野球ワールドカップ。韓国は台湾、日本に次ぐ3位で大会を終えた。

韓国はプロ15人（軍入隊中の選手を含む）、大学生9人で代表チームを構成したが、その中で来年に期待を持たせる選手がいた。KIAの左腕投手イム・ギジュン（23歳）だ。イム・ギジュンは2010年に新人ドラフト2ラウンドで指名されプロ入り。一軍での通算成績は2012年に3試合3イニングを投げただけだ。その後入隊しこの秋まで警察野球団でプレー。今季は二軍で25試合に登板し6勝3敗1セーブ、防御率は4・43という成績だった。

イム・ギジュンは今回の21U野球ワールドカップで台湾、日本戦の2試合に登板し、11月9日の台湾戦では7回に失点を許したものの6回までは0点に抑える好投。また14日の日本戦ではプロ8人を含む日本打線を相手に4回まで与えた走者は四球2つという完璧な内容だった。7回113球を投げて被安打5、失点1。許した1点は5回無死一塁で日本がエンドランを仕掛けた場面で、8番の若月健矢（オリックス）がイム・ギジュンの低めの外角球をうまくさばいたものでイム・ギジュンの失投ではなかった。試合は韓国打線がイム・ギジュンを援護できず0対1で敗れた。

イム・ギジュンは球速こそなかったが、外角低めのコントロールが安定していた。「落ち着いてゲームに臨めたからか、スライダーを低めに丁寧に集めることができました。でも韓国のリーグ戦より少しストライクゾーンが広かったのにも助けられたかもしれません」と苦笑した。

イム・ギジュンが日本戦で好投した理由について代表チームのパク・チワンコーチ（サンム監督）は「（イム）ギジュンの投球フォームは打者から見ると

左腕が隠れた状態から出てくるので、打ちづらかったのだと思います。またギジュンにとっては知らない相手ということでプレッシャーを感じずに楽に投げられたのでしょう」と話した。

ＫＩＡはエースのヤン・ヒョンジョンがメジャーリーグに進出した場合、先発左腕が不足する。その穴をイム・ギジュンが埋められれば大きなプラスだ。イム・ギジュンは「軍を除隊して気持ちの負担がなくなりました。キャンプで結果を残して一軍で活躍したいです」と来年の目標を語った。

21U大会を経て自信を得たイム・ギジュン。彼は来季のＫＩＡ投手陣に欠かせない存在になれるだろうか。

…それから…

イム・ギジュンは先発、リリーフに起用されるも勝ち星は２０１５年９月の１勝にとどまっている。

2014年11月25日

軍から復帰したク・ジャウクの必死さ

11月28日のコラム（前頁掲載）で台湾での21U野球ワールドカップに韓国代表として出場した、KIAタイガースの左腕投手イム・ギジュンを紹介した。韓国代表の中にはイム・ギジュンの他にも来季期待の選手がもう一人いる。今年サンムでプレーし、来年サムソンに復帰するク・ジャウク（21歳）だ。

左打者のク・ジャウクは今大会で3番打者として打率4割4分8厘を記録して打撃5位。盗塁6個は1位だった。ク・ジャウクは今年、フューチャーズリーグ（二軍）の南部リーグで打率3割5分7厘（リーグ1位）、27盗塁（3位）をマークしているが、その高い能力は国際大会でも惜しげもなく発揮された。

大会期間中のク・ジャウクは自信にあふれていた。その自信の表れは積極的なプレーにつながっていたが、それが時に無謀とも感じることがあった。

11月15日のオーストラリア戦、1回裏2死。一塁走者だったク・ジャウクはボールカウント2―2で二塁盗塁に成功した。続くフルカウントになった6球目、ここでク・ジャウクは三盗を試みた。投球はボールで、キャッチャーは三塁に送球するもク・ジャウクの足が速くセーフ。2死一、三塁となった。韓国は次の打者の時にダブルスチールを成功させ、三塁からク・ジャウクが生還。ク・ジャウクの足が稼いだ得点だった。

しかしク・ジャウクの三塁への盗塁の時、打者は捕手が三塁に送球しやすい左打者だった。初回ということを考えると、成功したとはいえ無謀な判断のように思う。それに対しク・ジャウクは「自分の判断でスタートしました。一、三塁のチャンスを作りたかったんです」と話した。

またク・ジャウクはゲームの序盤、センターの守備で守備位置の前に落ちそうな打球を、ワンバウンドで処理せずスライディングキャッチを試みた。しかしグラブに収めることはできず、単打で済むところを二塁打にしてしまう判断ミスがあった。これについてはク・ジャウクも「ダイレクトで捕りに行くのは無茶でした」と認めるしかなかった。

積極的ではあるが無謀ともとれた走塁と守備。褒められるプレーではないが21歳の若さゆえの思いっ切りの良さとすれば理解もできる。

韓国球界のニューヒーローとなったク・ジャウク

ク・ジャウクが除隊し復帰するサムソンはすぐにレギュラーが獲れるチームではない。内野手登録のク・ジャウクだがサンムと今回の大会では主にセンターで出場した。もしク・ジャウクが一軍でポジションをつかむならば一塁手のチェ・テイン（32歳）の控えか、センターの座をつかんだパク・ヘミン（24歳）と競争することになる。ク・ジャウクのプレーは挑戦者として自信がなければ、争いには勝てないという意地が込められているように見えた。

ク・ジャウクは「どのポジションでも自信があります。キャンプでアピールしたいです」と一軍定着に向けた覚悟を語った。ク・ジャウクはここまで見せてきた積極的な姿勢で、一軍の座をつかむことができるか。

…それから…

ク・ジャウクは2015年、期待通りの活躍を見せ1番一塁手としてリーグ3位の打率をマーク。新人王を獲得した。さらに2016年も打率3割4分3厘（リーグ6位）を残してリーグを代表する選手に成長している。

2015年7月21日

キム・ソングン監督と共通点のある「日本の3監督」

京都出身の在日コリアン二世で、韓国を代表する名将として知られるキム・ソングン監督（72歳／ハンファ）。そのキム・ソングン監督について「どんな監督ですか？」と聞かれると、筆者は日本の有名な3人の監督を例に説明をしている。

幼い頃の不遇さを反骨心として力に変え、采配ではデータを重要視するという点で野村克也氏（80歳）。持ち前の統率力を発揮し、後輩の面倒見が良いという点では星野仙一氏（68歳）が似ていると話す。そして厳しく長い練習（稽古）と素人を始めとした人材活用の巧さからコメディアンの萩本欽一氏（74歳）の名を例に挙げている。

萩本氏は1970～80年代に活躍したコメディアンであり名プロデューサーで、80年代初頭には出演するテレビの視聴率が軒並み30％を超え、各局で一週間に出演する番組の視聴率を合わせて、「視聴率100％男」と評された人物だ。萩本氏は歌手や俳優など元々はコメディアンではない人の能力を引き出すことに長け、稽古を通して新たな役割を与えることでスターを生み出していった。

そんな萩本氏のことを人は皆、親しみを込めて、「欽ちゃん」と呼ぶ。欽ちゃんはキム・ソングン監督より1歳年上の74歳だが、今年駒澤大学の入学試験に合格し、長い間夢だった大学生になった。いつまでも挑戦することを止めない人として知られている。

萩本氏は2005～10年の間、野球界の活性化のために、茨城ゴールデンゴールズというクラブチームを率いた。「欽ちゃん球団」という愛称で人気を得たこのチームで萩本氏は総監督を務めた。そこで筆者はキム・ソングン監督を例える「3人の監督」に萩本氏も含めて紹介している。

7月25日、筆者はソウルに住む日本人駐在員45人を、テジョンで行われたハンファ対サムソン戦に案内し、試合観戦を行った。彼らにとってこの日の試合で最も印象に残ったのはハンファが2対0でリードの5回表、2死二塁の状況で、それまでサムソン打線を無安打無得点に抑えていた、ハンファの先発、新人のキム・ミンウが降板した時だった。

韓国野球を見慣れていない彼らはその投手交代を見て、「勝ち投手の条件があるのになんで代えるのか？」、「ノーヒットノーランしているのに」と怪訝な表情を見せた。そこで筆者は彼らに「キム・ソングン監督と共通点がある3人の日本人監督」を説明した。するとそれを聞いた40代の男性は、「野村監督だったらもしかしたら何か理由があって、その場面で投手を代えるかもしれない」と話した。また30代の男性は「星野監督のように選手を束ねていれば、監督の判断に対してチーム内で反発はないだろう」と理解を示した。

監督通算勝利数が歴代2位を誇るキム・ソングン監督

試合は2対1でハンファが勝った。両チームの得点は少なかったが試合時間は4時間を超え、試合が終わった時には午後10時を過ぎていた。しかしそんな時間でも5回裏一、三塁のチャンスで代打に出場し、三振に倒れたチョン・ボムモなど数人の選手が打撃練習を始めた。その姿を見た50代の男性は「これから練習させるのか？　本当に欽ちゃんみたい」と笑った。

人を他人に例えてタイプ分けすることは完璧な説明方法とは言えない。しかし今回球場を訪れた日本人は今後、野村氏と星野氏、そして欽ちゃんを見るたびにキム・ソングン監督のことを思い出すだろう。

2016年7月12日

韓国のベテラン打者はなぜ活躍するのか

今シーズンの日本プロ野球では福留孝介（39歳／阪神）、新井貴浩（39歳／広島）、田中賢介（35歳／北海道日本ハム）などのベテラン打者の活躍が目立っている。

一方で打率、本塁打、打点、盗塁などの各部門でセ・リーグ1位を記録している23歳の山田哲人（東京ヤクルト）や投打二刀流の22歳、大谷翔平（日本ハム）などの若き打者たちにも存在感がある。今の日本の打者はベテラン、若手共に人材豊富だ。

韓国に目を向けると好成績を残しているベテランが多いのに対し、若手に目立った打者があまり見当たらない。今年もパク・ヨンテク（37歳／LG）、キム・ジュチャン（35歳／KIA）、イ・ボムホ（34歳／KIA）などの30代中、後半の打者がその実力を見せつけている。20代前半の打者で活躍を見せているのはキム・ハソン（20歳／ネクセン）、ク・ジャウク（23歳／サムソン）ぐらいだ。韓国でベテラン選手が若手を圧倒している理由は何か。

プロ18年目の今年、規定打席不足ながら打率3割2分7厘を残しているイ・ジンヨン（36歳／kt）は、ベテラン打者の活躍についてこう話す。「日本の場合、年齢を重ねるとランニング中心のトレーニングをして、力より技術的な部分を向上させるという話を聞きました。しかし韓国の場合、技術がしっかりしている選手は、選手寿命を延ばせるようにウエイトトレーニングでコンディションを整える傾向にあります」。韓国のベテランは若い選手に勝る技術に加えて、体力面でも若手に負けない体を作っているという説明だった。

それでは投手から見た韓国のベテラン選手とはどうだろうか。KIAの抑え投手、イム・チャンヨン（40歳）は「韓国のベテラン選手はすごいです」と言い、日本との違いをこう話した。「日本は選手層が厚いの

韓国にはベテランと若手の実力差があると話す中村武志コーチ

でチャンスをつかめないベテラン選手もいます。しかし韓国はベテランが戦力の中心になっているチームが多いです。またファンもベテラン選手の登場を楽しみにしているように思います」。

KIA中村武志バッテリーコーチは韓国のベテラン打者のある能力を評価した。「（イ）ボムホや（キム）ジュチャンは相手の配球をかなり読んで打っています。2人とも配球をわかって打っているケースが80％くらいあると思います。しかし若い選手は来た球をただ振っているのが目立ちますね」。

若い選手にも負けない程のウエイトトレーニングをし、ファンの熱い声援に応えるべく出場を重ね、配球を読む力に長けたベテラン打者たち。それに加えて中村コーチは「ストライクゾーンが狭く、打者が有利な状況が続けば、これからもベテランのバッターは活躍し続けると思う」と話した。

韓国のベテラン選手の活躍は今後も続くか、それとも彼らのレギュラーの座を脅かすような若手選手が出現するか。これは韓国野球の世代交代とも関わる点だ。

2016年8月23日

イ・スンヨプが歩む王、野村と同じ道、違う点

イ・スンヨプ（40歳／サムソン）が日韓通算600本塁打まであと2本に迫っている。

日韓通算はあくまで参考記録に過ぎないが、日本プロ野球で600本塁打を記録した打者は868本の王貞治（現・福岡ソフトバンク会長）、野村克也（前・東北楽天監督）の2人だけだ。2人は共に1980年に引退したいわば「歴史上の人物」と言えるだろう。日韓で2人を追う現役選手はイ・スンヨプしかいない。600本塁打は今後の達成が困難な偉大な記録だ。

王貞治、野村克也、イ・スンヨプ。この3人にはひとつ共通点がある。それは40代になっても数多くのホームランを放っているという点だ。3人の満40代での年間本塁打数を見ると、王30本、野村28本、そして8月18日に満40歳になったイ・スンヨプは公式戦34試合を残した現時点で23本を放っている。

それでは投手から見た場合、彼らにはどんな特徴があるのか。現役当時、王、野村の両打者と対戦したことがある神部年男氏（73歳／前・KIA投手コーチ）に聞いた。王と野村はそれぞれセ・リーグとパ・リーグだけでプレーしたため、両打者と公式戦で対戦したことがある投手はあまり多くない。しかし神部氏は近鉄とヤクルトでプレーし、両リーグで活躍した。神部氏は王、野村との数多くの対戦の中で2人からそれぞれ4本ずつホームランを喫している。

神部氏は王、野村について「2人は左打者と右打者という違いはあるが、ボールを遠くに飛ばす技術とバットのヘッドスピードの速さがすごかったです。年をとってもヘッドスピードは落ちませんでした。その理由は2人とも40代になってから少し変えたところがあったからです。王さんはバットのグリップを余して、少し短く持ち始めました。野村さんはコンパクトなスイングで自分のミートポイントを意識していました。

どちらも体のキレを使って速いスイングをしようとしていました」と話した。

王の場合、40歳の時に引退をしたが、現役最後の年にも30本のホームランを放ってユニフォームを脱いでいる。ちなみに王が現役最後の868本目のホームランを打ったのは神部氏からだった。

イ・スンヨプも年齢を重ねて変化を見せている。2014年からバットを立てて構えるフォームから、バットを寝かせて構えるように変えている。打席でのストライドも狭くしながらミートをより意識したスイングで正確性を高めた。40代を迎えて変化を見せながらアーチをかけた王、野村、そしてイ・スンヨプ。この3人には異なる点もある。

「伝説になれ!」。イ・スンヨプの記録の数々を記し、球場に飾られたバナー

イ・スンヨプは「来年引退します。プレーする期間を限ったことで野球を面白く感じるようになった」と引き際を決めている。王は年間30本の本塁打を放ちながら、「自分のバッティングができなくなった」と言って引退を宣言した。野村は「生涯一捕手」として45歳まで現役生活を送った。王、野村、イ・スンヨプのフィナーレへと向かう姿は三者三様だ。

神部氏は韓国在籍時のイ・スンヨプをオリックスのスカウトとして視察し、日本ではイ・スンヨプを相手チームの投手コーチとして対戦している。神部氏はイ・スンヨプについてこう話した。「韓国で400本以上のホームランを打って、韓国より投手のレベルが上の日本でも活躍したというのは大したものです」。

600本塁打。その金字塔はイ・スンヨプの目前に迫っている。

…それから…

イ・スンヨプは9月14日のハンファ戦で日韓通算600本塁打を達成した。

도전
이승엽 대기록
한일통산
600홈런 1,390타점 3,880루타 1,300득점
SAMSUNG
Lions
BASEBALL CLUB

つながる。日本と韓国

笘篠・初芝、よみがえったチャムシルの記憶
2012年7月23日

ヤン・ヒョンジョンを日本で見守る神部元コーチ
2013年8月13日

オ・スンファンを見に？
チャムシルを訪れた日本球界関係者たち
2013年9月10日

バレンティン、イム・チャンヨンを発掘した人の目
2013年9月17日

機会を待ち、真摯に取り組むバンデンハーク
2015年5月19日

外国人枠拡大。
日本人選手の韓国入りの可能性は？
2013年10月15日

巨人・福元がキム・ギテ監督に伝えたいこと
2011年7月11日

G育成出身、キム・ギテの教え子たちが活躍
2013年5月21日

ソフトバンク三軍、韓国二軍リーグ参加へ
2011年12月13日

関西独立リーグ新球団発足に奔走する元選手
2010年2月2日

高知県「監督去っても、キャンプに来て」
2011年8月22日

LGファンモク・チスンを日本で応援する人たち
2014年8月5日

LG4位指名、チョン・ギュシクと阪神金田の友情
2014年9月2日

八百長選手に激励のメッセージ
2012年3月20日

早過ぎる別れ。ネクセン球団広報、イ・ファス氏
2010年6月29日

2012年7月23日

笘篠・初芝、よみがえったチャムシルの記憶

7月20日、ソウル・チャムシル球場で韓国と日本の元プロ野球選手が出場する、「韓日レジェンドマッチ」が行われた。その顔ぶれは佐々木主浩氏、清原和博氏を始めとした、そうそうたるものだった。そんな中で、笘篠賢治氏（45歳／元ヤクルト、広島）は特別な思いでチャムシルのグラウンドに立った。

「まさかまたこの球場でプレーできるとは思ってもみなかったです」。

1988年に行われたソウルオリンピック。野球日本代表は社会人野球の選手を中心にチームを編成。その中で当時大学4年生だった笘篠氏は日本代表に選ばれ、初めて韓国の地を踏んだ。その時、野球競技の舞台となったのがチャムシル球場だった。「当時の韓国はまだ日本にいい感情を持っていなかったので、〝選手村からあまり外へ出てはいけない。許可なく写真を撮っちゃダメ〟と言われていました。だから残念なことに、その時のことを覚えてはいても写真はほとんどないんですよ」。

ソウル五輪日本代表は野茂英雄（前・ドジャースなど）、古田敦也（前・ヤクルト監督）、野村謙二郎（現・広島監督）などその後のプロ野球界で大活躍するアマチュア選手たちが揃った。笘篠氏も大学卒業後ヤクルトに入団。笘篠氏はさわやかではつらつとしたプレーを見せ多くのファンを魅了し、プロ1年目に新人王に輝いた。

笘篠氏は試合前のグラウンドを見ながら、五輪当時のことを振り返った。「球場へ行くバスの中から大きな川（漢江）を見たのを覚えています。ベンチの形は今と違いましたよね？」。

笘篠氏は久々の渡韓に当たり自宅の中であるものを探した。使い古されて平らになったグラブだ。

「この日のために24年前のグラブを持ってきました」

試合前のセレモニーでグラウンドに整列する初芝氏（写真左）と笘篠氏（右）

それはソウル五輪で使用したものだった。そのグラブを左手にはめ、笑顔でセカンドのポジションについた笘篠氏。その笘篠氏の動きは20代を思わせるほど軽快だった。

「台湾戦でサヨナラ勝ちした時のことを思い出しますね」。

レジェンドマッチに6番サードで出場した初芝清氏（45歳／元千葉ロッテ）は、1999年のアジア選手権（シドニー五輪予選）の時、チャムシル球場でプレーした。日本はその大会で初めてオリンピック予選にプロ選手が参加。パ・リーグは各球団から1、2名、セ・リーグは一部の球団が選手を派遣した。その日本代表で打線の中心的な役割を担ったのが、千葉ロッテの主砲・初芝氏だった。

「上位2チームにオリンピックの出場権が与えられるので、韓国はおそらく勝ち上がるだろうと台湾戦に勝つことに集中しました。この球場では韓国の熱狂的な応援が印象に残っています。またこうやってここで野球をするとはね」。

2度と来ることはないと思った異国の球場に再び訪れプレーした笘篠氏と初芝氏。2人によみがえった記憶はより鮮明に脳裏になって刻まれていった。

2013年8月13日

ヤン・ヒョンジョンを日本で見守る神部元コーチ

6月末までに9勝1敗、防御率2・30という好成績を残したヤン・ヒョンジョン（25歳＝KIA）。しかししばらくの間、わき腹痛で戦線を離脱していた。そのヤン・ヒョンジョンが先週8月7日のロッテ戦で40日ぶりに一軍のマウンドに復帰した。その姿に遠く離れた日本で笑みを浮かべる人がいる。2008年から2年間、KIAで投手コーチを務めた神部年男氏（70歳）だ。

現役時代、左投手として活躍した神部氏は同じ左腕のヤン・ヒョンジョンの能力に惚れ込み、高卒2年目だったヤン・ヒョンジョンを熱心に指導。ヤン・ヒョンジョンはプロ3年目となる2009年に12勝5敗をマークした。ヤン・ヒョンジョンは神部氏について「平凡な選手だった僕を、チームを引っ張っていける投手にしてくれました。僕を作ってくれた人です」と感謝を口にする。

神部氏は韓国を離れて4年経った今でも兵庫県の自宅で、ヤン・ヒョンジョンの登板ゲームをインターネット中継でチェックする。7日のロッテ戦を見た神部氏はヤン・ヒョンジョンについてこんな印象を持った。「ストレートが140〜145キロくらい出ていたので大丈夫だと思います。わき腹を痛めると長引くことが多いですが、その心配がなくピッチングフォームが崩れなければ、徐々に良くなっていくでしょう」と話した。

神部氏がヤン・ヒョンジョンを高く評価する理由に、打者に対して左腕が遅れて出て見えるフォームにある。しかしこのフォームには長所と短所があると神部氏は話す。「下半身のバランスが安定すれば、左腕が自然についてきますが、左腕の出が遅れ過ぎるとボールが高く浮いて、制球が不安定になります。速いボールといいチェンジアップを持っているので、コントロール

沖縄・金武町ベースボールスタジアムのスタンドで、神部年男氏（写真中央）に話しかけるヤン・ヒョンジョン（左）

が定まれば心配ない投手です」。

神部氏とヤン・ヒョンジョンは今も、時折電話で会話をする。ヤン・ヒョンジョンは「神部さんがチームにいた頃はいつも僕を〝バカ〟と叱っていましたが、最近はよく褒めてくれるんですよ」と言って眼鏡の奥の瞳を細くした。一方の神部氏は「ＫＩＡでコーチをしていた時は、ヤン・ヒョンジョンが泣くまで厳しく練習を繰り返しましたよ」と笑った。

２人は今年2月、沖縄で再会した。神部氏がハンファの臨時投手インストラクターに就任したからだ。ＫＩＡ対ハンファの練習試合の最中、スタンドに腰掛けた神部氏のもとをヤン・ヒョンジョンが訪ね、２人は長い時間会話を交わしていた。強い日差しの中、通訳を介さず身振り手振りでコミュニケーションを取る２人。白髪頭の70歳と童顔の25歳は師弟ではあるが、おじいちゃんと孫のようにも見えた。

「この間の登板では3回を投げて4失点だったので電話はかけませんでした。次にいいピッチングをしたらおめでとうと言いたいと思います」と神部氏。神部氏は次にヤン・ヒョンジョンに電話できる日を心待ちにしている。

2013年9月10日

オ・スンファンを見に？ チャムシルを訪れた日本球界関係者たち

LGとサムソンの首位争い直接対決が行われた9月8日のソウル・チャムシル球場。スタンドにはそれぞれ異なる目的で、韓国に訪れた日本の球界関係者たちがいた。

7回裏、サムソンが2対5で追う場面。阪神の中村勝広GM（ゼネラルマネージャー）と山本宣史スカウトはゲームに集中していた。そして山本スカウトはこうつぶやいた。「これじゃ火曜日（10日）も観に行かなきゃならないですね」。サムソンが負けると、抑えのオ・スンファンの登板機会はない。オ・スンファンを見るためには次のサムソン戦が行われる10日のネクセン戦（モクトン）に足を運ぶ必要があるからだ。

山本スカウトは今年、オ・スンファンをチェックするため幾度も球場に足を運んでいる。その姿はテレビ中継にも映し出され、いわば時の人だ。山本スカウトは「テグ球場に行った時、乾き物を売っているおじさんに指をさされて〝あ、オ・スンファンを獲りに来た！〟と言われました」と笑った。

試合は8回表にサムソンが2点を挙げ4対5となり、サムソンが1点差に追い上げた場面で、8回裏、マウンドにオ・スンファンが上がった。セーブが掛かった場面ではなかったが、オ・スンファンの登板に中村、山本両氏は安堵した。

この日、チャムシル球場には日本のある球団のオーナー代行の姿もあった。訪問の目的は選手のスカウトではない。「韓国の球団が球団運営やマーケティングにどんな考えを持っているか調査するためです」。このオーナー代行は今年6月に韓国を訪れた球団職員の報告を聞き、韓国にやってきた。この人は「随分昔に、韓国プロ野球を紹介する映像を見ましたが、その頃に比べて韓国プロ野球が大きく成長したと感じました。最近は若い女性ファンが多いようですが、10年、20年

後のファン構造に対して、各球団がどんな考えを持っているか気になります」と話した。日本のオーナークラスの人物が、契約などの特別な用件なしに、韓国の球場を訪れることは珍しいことだ。

同じ日チャムシルには日本の大手ゼネコンで野球場の設計を行ってきた設計士も、個人的な観戦で訪れていた。この設計士は広島のマツダスタジアムの設計や、Kスタ宮城、西武ドームの改修作業にも携わってきた。彼はチャムシル球場を見て、「ソウル市が運営しているということで、色々な制約があるかと思いますが、マイナスをプラスに変えるのが野球場改修の面白さです」と話した。

この日、チャムシル球場に訪れた日本人たちは、「韓国のファンは熱狂的な応援をすると聞いていたが、思ったよりゲームに集中していた」。「首位争いということもあるだろうが、一球一球に反応する姿が印象的だった」と話した。

選手に注目する人、球界の未来に関心がある人、球場に興味がある人。韓国の球場に様々な視点を持つ日本の球界関係者が頻繁に訪れていることは日本ではあまり知られていない。

…それから…

山本宣史スカウトの活動は実り、オフにオ・スンファンは阪神に入団。クローザーとして活躍した。中村勝広GMはこの約2年後の2015年9月23日に急逝。66歳だった。

2013年9月17日

バレンティン、イム・チャンヨンを発掘した人の目

9月15日、東京ヤクルトのウラディミール・バレンティン（29歳）が、日本プロ野球のシーズン最多新記録となる、56号ホームランを放った。2011年にヤクルトに入団し、今年が日本3年目となるバレンティン。来日前の2010年にアメリカ3Aでプレーしていた彼を発掘したのはヤクルト球団の奥村政之国際部次長（46歳）だ。

奥村次長が球界に飛び込んだのは1995年。語学力を生かしメジャー入りした野茂英雄の通訳を務めた。帰国後は福岡ダイエー（現福岡ソフトバンク）で海外担当スカウトを担当。2004年からヤクルトで国際部門を任されている。

世界各国に出向き選手をチェックする奥村次長。その視線はプレー以外の姿にも注がれる。「選手のことは球場に入った瞬間からチェックします。練習態度やファンへの対応、何より野球に真剣に取り組んでいるかを見ます」。

奥村次長はバレンティンを見た時にどのような点をチェックしたのだろうか。「バレンティンはチームの同僚がミスをした時に、ベンチでそれを叱責していました。その姿を見て、彼は日本でも成功する可能性があると思いました」。

その頃バレンティンに注目した球団はヤクルトだけではなく、サムソンも獲得リストにバレンティンの名を加えていた。当時のサムソン球団関係者はこう話す。「外国人打者を探していた時に、2人の候補がいました。そのうちの1人がバレンティン。実際に獲得したのがライアン・ガーコ（32歳）でした」。

メジャーリーグでの成績は170試合15本塁打52打点のバレンティンに対し、ガーコは463試合55本塁打255打点。サムソンは実績があるガーコを選択した。しかしその後の2人の野球人生はそれまでとは異

なるものとなった。2011年にサムソン入りしたガーコは、打率2割4分3厘、1本塁打、28打点と振るわず、シーズン途中58試合に出場したところで解雇となった。その後のガーコは、アメリカ2Aに活動の場を移した。一方のバレンティンは日本で49年ぶりに記録を塗り替える英雄となった。

奥村次長は2008年にヤクルト入りしたイム・チャンヨン（37歳／現・カブス）の獲得にも関わっている。来日する前のイム・チャンヨンはひじの手術を経て復帰したばかり。当時、韓国でイム・チャンヨンを視察した奥村次長はこんな印象を持ったという。「マウンドからベンチに下がる時に、さびしそうに見えました。先発で投げても、投球内容に関係なく早い回で交代させられたり、中継ぎも兼務したりと、自分の役割を担っていないという雰囲気でした。その時、イム・チャンヨンにはしっかりとした役割を与えれば、責任を持って投げるだろうと思いました」。

イム・チャンヨンは2008年にヤクルト入りすると、チームの守護神として5年間で128セーブを挙げる活躍を見せた。奥村次長の目に狂いはなかった。

プロでプレーする選手たちは、みな高い能力を持っている。しかしその能力を誰もが発揮できるわけではない。その成否には人との出会いが大きく左右することもあると奥村次長は教えてくれた。

機会を待ち、真摯に取り組むバンデンハーク

昨年まで2年間サムソンに在籍し、今季から福岡ソフトバンクに移籍したリック・バンデンハーク（30歳）が活躍を見せている。しかしその舞台は一軍ではない。今、バンデンハークは二軍で投げている。

バンデンハークは5月17日現在、ウエスタンリーグで8試合に登板し3勝1敗、防御率1・27、奪三振53個を記録している。防御率と奪三振はリーグ1位。昨年韓国でこの2つのタイトルを獲得したバンデンハークは変わらぬ実力を見せつけている。しかしなぜバンデンハークは二軍にいるのか。それには理由がある。外国人選手の枠の問題だ。

日本の一軍登録可能な外国人選手は最大で4人。しかし投手または野手のどちらかだけに4人の登録はできない。ソフトバンクの場合、野手にイ・デホ（33歳）、投手に先発のジェイソン・スタンリッジ（36歳）、抑えにデニス・サファテ（34歳）がいる。残る1枠に今年入団したバンデンハークが入ることが予想されたが、春季キャンプで想定外のことが起きた。バンデンハークが左足を痛め、その間に育成選手だったエディソン・バリオス（27歳）が高い評価を受け一軍行きのチャンスをつかんだからだ。バリオスはセットアッパーとしてパ・リーグ1位の16ホールドをマーク。現在は既存の3人の外国人選手と共に安定した活躍を見せている。現状ではバンデンハークが一軍昇格するのは難しい状況だ。

バンデンハークは5月17日の巨人二軍との試合に先発登板した。バンデンハークはこの試合で二軍の打者を相手に、序盤は直球主体の投球で抑えていた。しかし一軍経験のある相川亮二とフレデリク・セペダにホームランを喫すなど、これまでの7試合と異なり不安定な投球を見せた。バンデンハークは5回103球を投げ5失点（3自責点）。今季初黒星を喫した。

この日の試合ではバンデンハークにある変化があった。それはキャッチャーが調整から戻ってきた細川亨（35歳）だったという点だ。初めてバッテリーを組んだ二人は序盤、うまく呼吸が合っていないように見えた。その点についてバンデンハークは「細川とは初めてだったので、慣れていなかったのはその通りです。しかしお互いの選択に大きな違いはなく、カーブのサインの時にこちらはスライダーを投げたいと思い、スライダーのサインの時にこちらはカーブを投げたいといった、小さな考え方の違いがあっただけでした」と話した。

この日のバンデンハークは細川がカーブのサインを出した時に、直球を投げてしまうサインミスや、内野フライで野手とのコールプレーがうまくいかなかった場面もあった。

ブルペンピッチングをするサムソン在籍時のバンデンハーク

また投球時のひじの位置が回を重ねるたびに下がっていくようにも見えた。それについてもバンデンハークは「最近、数試合で球威が落ちていることと関係があるかもしれない」と話した。

一軍昇格の時期が不透明なバンデンハークだが、17日の投球内容を見る限り、むしろ二軍で調整する方が良いように見えた。

サムソンでバンデンハークと2年間共に時間を過ごした門倉健コーチ（43歳／サムソン）はバンデンハークをこう評価する。「彼は他の人のアドバイスを受け入れようとする姿勢がある選手です」。バンデンハークならば二軍にいてもしっかりと野球に取り組むことができると太鼓判を押す。

日本でも韓国当時と同じように誠実な姿を見せているバンデンハーク。今の二軍での積み重ねが後に一軍での結果へと結びつくだろう。

…それから…

バンデンハークはこの年の6月に一軍に昇格すると、来日1年目の外国人選手記録となる、無傷の9連勝を果たし、チームの優勝に貢献した。

2013年10月15日

外国人枠拡大。日本人選手の韓国入りの可能性は？

2014年のシーズンから外国人選手枠が現在の2人（NCとktは3人）から3人（NCとktは4人）と1枠増える見通しだという。それではその中に日本人選手が加わる可能性はあるだろうか。

ここ数年間の韓国プロ野球には3人の日本人選手が所属した。2008年の途中にヒーローズに入団したクローザーの高津臣吾、2009年から2年半、SKとサムソンで先発投手として活躍した門倉健、そして2010年にLGの抑えを務めた岡本真也だ。

彼らは日本で個人タイトルを獲得するなど、確固たる実績を背負って韓国にやってきた。そして韓国でも日本在籍時と遜色ない成績を残した。チームが求める役割と選手の能力が噛み合えば、失敗の可能性が低いのが日本人選手だと言えるだろう。

しかし彼らのように日本で実績のある選手が韓国に来ることは決して容易ではない。実績がある選手であれば、所属チームが手放すことはなく、そうでなければ年齢を理由に引退を決意するからだ。高津、門倉、岡本の3投手の場合、偶然のタイミングや人の縁がつながって韓国に来ることになった。

高津の場合、アメリカで所属チームを探していた6月、ヒーローズが既存の外国人投手を放出したことがきっかけだった。

門倉は2008年末に巨人を退団した時、当時のSKキム・ソングン監督が直接日本に出向き入団交渉を行った。しかし門倉は米メジャー進出の意思が強くこの話は実らなかった。だが門倉は2009年開幕時にはメジャー契約には至らず、キム・ソングン監督は再び門倉と交渉。その熱意によって門倉は2009年4月にSK入りを果たした。

岡本は2009年秋に西武から戦力外通告を受けたが、かつて所属した中日の関係者が「まだ投げられる」と姉妹球団のＬＧに推薦。韓国の地を踏むことになった。この3人のように様々な事情が重ならなければ今後も日本の主力選手が韓国でプレーする可能性は低いだろう。

今回の外国人枠拡大は少なくとも野手1名を含むことが規定に含まれる見込みだ。各チームとも助っ人に長距離砲としての期待を寄せることになりそうだが、長打力がある日本人の中で、韓国に招く程の実績を持つ選手を探すのは投手以上に難しい。一方で長打力があっても、出場機会に恵まれていない選手は数多くいる。しかしそのような選手を発掘しようとすれば、実績より能力を信じてスカウティングをしなければならず、リスクが大きくなる。

日本では11月10日に静岡県の草薙球場で日本プロ野球12球団トライアウトが行われる。その場が選手発掘のショーケースにはなるが、そこでスカウトされる選手はほんの一握りだ。

今年日本では90人の選手が一次戦力外通告を受けた。うち現役続行を希望するのは30～40人。その中に韓国の球団の目に留まる選手はいるだろうか。

…それから…

その後も韓国でプレーする日本人選手は現れていない。一方でリック・バンデンハーク（サムソン―福岡ソフトバンク）、ヤマイコ・ナバーロ（サムソン―千葉ロッテ）、アンディ・バンヘッケン（ネクセン―埼玉西武）など、外国人選手の日韓の往来は活発になっている。

巨人・福元がキム・ギテ監督に伝えたいこと

「キム・ギテさんにこの喜びを伝えたいです」。

5月23日、巨人は2人の育成選手の支配下選手登録を発表した。いずれもプロ3年目の内野手、福元淳史(27歳)と山本和作(24歳)だ。この2人は2007年から3年間、巨人でコーチを務めた、キム・ギテ現・LG二軍監督(42歳)の熱血指導を受けた選手だ。

連日30度を超す猛暑が続く東京。ジャイアンツ球場で顔を合わせた福元は、真っ黒に日焼けしていた。福元はプロ1年目の2009年、二軍の混成チーム・フューチャーズを率いたキム・ギテ監督と出会った。育成選手は一軍の試合には出場できず、選手層が厚い巨人では二軍の試合に出場する機会も限られている。福元にとってフューチャーズは実戦での経験を得られる貴重な場所だった。

「キム・ギテさんは僕が試合でミスをすると、遠征から帰ってきた後でも、夜遅くまで個人練習に付き合ってくれました」。キム・ギテ監督と同じ左打者の福元は、その時の教えを今も念頭に置いている。「バットが下から出る癖があるので、上から出すようにと繰り返し言われました。そして、これまで出会ってきたコーチに比べて、試合に取り組む姿勢に厳しい人でした。〝必ず全力疾走すること〟と口癖のように言っていたのを思い出します」。

日々続けられた熱のこもった指導。時にはキム・ギテ監督自らがバットを握ることもあった。「とてもリストが強くて、軽く振っただけでも強い打球が飛んでいきました」。広角に打ち分ける打撃が持ち味の福元にとってその姿はいい刺激になった。

今年、巨人は負傷者が続出。今回の支配下登録は、けが人の穴を埋める緊急措置だった。「何かしそうな雰囲気を持っている」というコーチ陣からの推薦を受け、支配下登録された福元。背番号は3ケタだった

008から58へと変わった。

その福元に7月9日の試合前、アクシデントが襲った。打撃練習と並行して行われた守備練習中、セカンドゴロを捕球した福元の左前頭部に打球が直撃したのだ。緊張が走るグラウンド。だが福元は痛がるより先に、グラブを地面に叩きつけて悔しがった。

巨人の若手とキム・ギテ監督が汗を流した、巨人のファーム施設・読売ジャイアンツ球場

「すぐに氷で冷やせ」。ノックバットを持つ川相昌弘二軍監督が福元に声をかける。しかし福元は守備位置を離れなかった。ライバルの存在があり、休むわけにはいかないからだ。コーチから「大丈夫か？」という言葉はない。「いいパスがきたんだから、ちゃんとゴールに決めろよ」とサッカーのヘディングシュートに例えられ、からかわれた。福元は厳しい競争の世界にいる。

「今、一軍のセカンドはチャンスだと思うので、それをつかみたい」。

巨人にとってセカンドは手薄なポジション。5月にはプロ4年目の藤村大介が、初の一軍昇格直後にスタメン出場を果たした。福元はその座を虎視眈々と狙っている。

「キム・ギテさんに一軍に上がったと早く報告したいです」。福元は白い歯を見せ、夏の決心を固めた。

2013年5月21日

G育成出身、キム・ギテの教え子たちが活躍

先週はLGキム・ギテ監督（43歳）の教え子たちが活躍を見せた。と言ってもLGの選手ではない。キム監督が2007年から3年間、巨人でコーチを務めていた時に指導した福岡ソフトバンクの福元淳史内野手（30歳）とオリックスの山本和作内野手（27歳）のことだ。当時巨人の育成選手だった2人は、その後他球団へ移籍し一軍出場のチャンスをつかんだ。

福元は5月15日の広島戦に2番セカンドでプロ入り以来初のスタメン出場を果たし、この試合でプロ初安打も記録。17日の阪神戦では2安打を放ち、守備では2度のダイビングキャッチを見せる活躍で勝利に貢献した。そして試合後にはお立ち台に上がり、初めてスポットライトを浴びた。

一方、山本は15日から4試合連続で先発出場すると、19日の横浜DeNA戦ではプロ初アーチ。この一発が決勝打になるなど存在感を見せた。

プロとして芽が出てきた福元と山本。この2人にキム監督はどう向き合っていたのか。福元はこう振り返る。「自分が試合でミスをしたら、遠征から戻ってきた後、ジャイアンツ球場で夜遅くまで練習を見てくれました」。キム監督は育成選手の2人を一人前の選手にするために、昼夜を問わず練習に付き合った。

福元と山本が育成選手から一軍出場可能になる支配下登録選手になったのは、キム監督が韓国に戻った1年半後の2011年5月23日のこと。福元はその時、「キムさんにこのことをお伝えしたいです」と喜んでいた。しかし2人は巨人在籍中に一軍昇格を果たすことはできなかった。福元は2012年6月にソフトバンクに移籍し、山本は2012年オフにオリックスへとチームを移った。2人は巨人ではつかめなかった一軍の座を新天地で得て、今その実力を発揮している。

福元と山本には他にも共通点がある。それはひたむ

LGでも選手と真剣に向き合うキム・ギテ監督

きさだ。2人とも他の選手の打撃練習中も、手を抜くことなく走塁練習にいそしんでいる。その理由を福元はこう話す。「キムさんはこれまで会ったどのコーチよりも、野球に関して厳しい方でした。試合でも絶対に全力疾走しなければならないと何度も話していました」。

キム監督の下で妥協しない精神を学んだ福元と山本。プロ選手として一軍の座をあきらめることなく取り組んできた2人は、ようやくその努力が報われようとしている。

…それから…

福元淳史は2013年10月にソフトバンクから戦力外通告を受け、同球団のスカウトに転身した。山本和作は2015年10月にオリックスから戦力外通告。翌2016年から母校の大阪経済大硬式野球部の監督を務めている。キム・ギテ監督は2014年途中にLGを退団し、2015年からKIAで監督を務めている。

2011年12月13日

ソフトバンク三軍、韓国二軍リーグ参加へ

12月5日、キム・ソングン前SK監督が独立球団・コヤンワンダースの監督に就任することが発表された。韓国プロ野球の二軍リーグであるフューチャーズリーグは、キム監督が加わったことで高い関心を集めているが、リーグが熱を帯びる要素は他にもある。

11月下旬に台湾で行われたアジアシリーズ期間中、福岡ソフトバンクの関係者、担当記者たちと次のような話を交わした。「ソフトバンクには三軍があるがその三軍チームが来年、韓国の二軍と20試合程度できるよう調整している。三軍は球場と相手チームを探すのに苦労しているので、実現させたい」。

今年、ソフトバンクの三軍は67試合を戦ったが試合編成には苦慮した。対戦相手は主に日本の独立リーグのチームで、時折、プロの二軍や社会人チーム、大学野球部と試合を行った。その67試合中、ソフトバンクのファーム専用グラウンドである、福岡市の雁ノ巣球場で行った試合は、半数に満たない25試合。「雁ノ巣は二軍が使用するので、三軍が使うのは二軍が遠征に出ている時か、二軍がヤフードームを使う時しかない」と記者たちは話す。

また今年9回対戦した独立リーグの三重スリーアローズはこの秋に解散を決定。来年はこれまで以上に対戦相手探しが難しくなる。そこで浮かんだのが、韓国の二軍と試合をするというプランだ。ソフトバンク三軍にとって、韓国で試合をすることにメリットは多い。まず、高いレベルの試合ができるということだ。今年、BCリーグ・新潟に所属した高津臣吾（前・ヒーローズ）は独立リーグのレベルについて、「日本の二軍と比べて、少し落ちるくらい」と言う。ソフトバンク三軍はその独立リーグのチームを相手に、特に夏場以降、実力差を見せつけている。韓国の二軍との対戦であればおそらく戦力が拮抗し、選手の育成面への好影響が

期待される。

その他には距離的な面でもメリットがある。今年のソフトバンク三軍は、約380キロ離れた名古屋や約900キロ離れた東京まで遠征を行った。しかし、福岡からプサンまでは200キロに満たない距離。韓国に入ってしまえば移動はすべてバス移動が可能で、費用負担は少ない。また、宿泊費の面でも、日本での遠征よりも経費節減が可能だ。

そして韓国の二軍にはサンム、警察といった一軍を持たない軍隊チームが参加していることも長所だ。サンム、警察には調整目的で二軍に身を置く選手がおらず、純粋にレベルを高めようとする選手が集まっている。彼らの意気込みは、日本の二軍に比べると危機意識が高い。

コヤン、ソフトバンク三軍の参入で来年のフューチャーズリーグは、単なる一軍の下部組織ではなく、実力向上の場として期待できる。それはプロ野球全体のレベルアップにつながるきっかけの一つになるだろう。

…それから…

ソフトバンク三軍の韓国遠征は2012年から継続中で、その間にソフトバンクはファーム新施設敷地の公募を実施。その結果、福岡県筑後市に「HAWKSベースボールパーク筑後」の建設を決め、2016年に完成、使用を始めた。

関西独立リーグ新球団発足に奔走する元選手

「久々に野球に関わることができて、むずむずしています」。

弾んだ声で電話を掛けてきたのは、1994年から7年間、サムソン、サンバンウル（1999年限りで消滅）、トゥサンでプレーし、韓国移籍前は日本ハムでプレーした田中実氏（42歳）だった。田中氏は今年から日本の関西独立リーグに参入する韓国人チーム「コリアヘチ」の立ち上げに携わっている。

田中氏は2000年に現役引退後、日本に戻り不動産関係の仕事をしていたが、その間も再び野球に関わることはできないかと常に思っていた。「今回、コリアヘチの話があったので嬉しかったです」。

野球をするための環境が整っているとは言い難い独立リーグ。ましてや新球団は前途多難だ。そんな中、田中氏は日々、準備に追われている。「まず練習や試合を行う球場の確保が大変です。土日はほとんど予約で埋まっていますから、それを解決しなければなりません。そして選手たちの住む家も探さなければならない。スポンサーも見つけないといけません。僕自身もコーチをやるのか、どのように関わるのかまだ決まっていません」。その声には大変さの中にも充実感が感じられる。それは田中氏が振り返る韓国での現役時代の様子と似ている。

「韓国に行ったばかりの頃は、日本との違いに驚くことばかりでした。設備面に食事や言葉も。また、なかなか試合後のバス移動にも慣れなかったです。96年にサンバンウルに移籍したときは、キム・ソングン監督の下、高校生のように猛練習しました。辛かった（笑）。でもその年は〝野球をやった〟という実感がありました。ファン投票でオールスター戦に選ばれてプレーオフにも進出。優勝争いも経験できました」。

田中氏が韓国を離れて10年。その間、国際大会など

2014年にKIAでコーチを務めた田中実氏

を通して見る韓国野球は、自身の現役当時とは変わってきているという。「昔は打つだけ、投げるだけという印象でしたが、技術面がすごく上がっているし、以前よりチームプレーができるようになったと感じます」。

田中氏は新球団・コリアヘチについてどんな理想を描いているのか。「おそらく最初は基本的な部分が不足してレベルも高くないと思います。しかし1人でも多くの選手を韓国や日本のプロ野球に入れてあげたいです」。

関西独立リーグは昨年発足したが、シーズン途中で運営会社が撤退するなど抱える問題は多く、コリアヘチが乗り越えられなければならない難題は山積みだ。そんな中、田中氏は若者たちの夢をかなえるために、日々奔走している。「現役時代一緒だったパク・チョルウ監督と一緒にやれることをとても楽しみにしています」。コリアヘチは今春の開幕に向けて準備を進めている。

…それから…

コリアヘチはチーム名の変更を経て、結成の翌年2011年限りで活動を終えた。田中実氏は2013年にコヤン、2014年にKIAでコーチを務めた。

2011年8月22日

高知県「監督去っても、キャンプに来て」

8月17日のSKキム・ソングン前監督の辞意表明、そして翌日の更迭を受けて、日本のある地域が衝撃を受けている。それはキム前監督就任以来、SKがキャンプを行っていた高知県の人々だ。

キム前監督更迭について、日本で大きく伝えられることはなかったが、高知ではこのニュースがすぐに知れ渡った。高知県SKファンクラブの発起人でもある西森潮三県議会議員は、関係者から情報を得て、「キム監督の辞任は残念の極みだ」と驚きを隠さなかった。また、キム前監督を高知県観光特使に任命していた高知県観光振興部も「キム監督の退団を大変残念に思う」とし、「野球のみならず観光PRにもお力添えをいただいており、感謝している」と答えた。

かつて高知県は阪急(現・オリックス)、西武、福岡ダイエー(現・福岡ソフトバンク)など、多くの球団がキャンプを行う場所だった。しかし最近ではさらに温暖な気候を求め、九州や沖縄に変更するチームが増えている。47年間安芸市でキャンプを行っていた阪神も、来年から一軍が高知県から撤退することが8月9日に発表された。それだけにSKと高知との縁を結んだキム監督が退いたことで、SKも高知に来なくなるのではと県関係者は心配している。

最も影響を受けるのがSKの宿泊先であるホテルだ。SKは春と秋のキャンプで、約3ヶ月間高知に滞在していた。1年の4分の1を利用していた顧客を失うことになれば「多大なショック」と担当者は話す。

キム前監督のファンが少なくない高知。その一方で4年という歳月は、監督のみならずSK球団への深い愛情にもなつながっていった。前出の西森議員は「これまでSK球団とは社長を始めいい関係を築いてきた。監督が辞めたことは残念だが、信頼の再構築を図るために、早急に韓国に行って話をしたい」と語る。

ハンファのキャンプ訪問を歓迎する、高知県と高知市ののぼり

また、高知県観光振興部は「高知県民にとってSKは〝我がチーム〟として定着しています。優勝を目指すためにも、これまで同様にキャンプでお会いしたい」とコメントした。今回話を聞いた人々の大半が、監督更迭のニュースを発表直後に知っていて、「SKに関する情報の共有が、地域間で定着している」と語った。さらに、高知県SKファンクラブの事務局員を担当する40代の女性も、「地域の人たちは、キム監督の野球に対する姿勢や人柄に惚れると共に、激励会などを通してSKのコーチや選手たちと深いつながりができています。SKだからSKにはこのまま高知でキャンプをやって欲しい」と話した。

SKがキャンプで使用する高知県野球場では「今後の使用に関してSK球団からまだ連絡はないが、依頼があれば使えるように待っています。現在照明塔の設置工事で使用できない個所もあるが対応は可能」と話した。

「キム前監督が辞めてさびしいが、SKはこれからもキャンプに来てください」。高知県からは切実な声が聞こえてきた。

…それから…

SKはキム・ソングン監督退任後、高知をキャンプ地使用することはなかったが、キム・ソングン監督が2012年から3年間率いた独立球団・コヤンワンダーズ、2015年から指揮を執るハンファが、高知で春季一次キャンプなどを行っている。

2014年8月5日

LGファンモク・チスンを日本で応援する人たち

7月29日、テグでのサムソン戦でプロ初安打初打点を記録したLGの内野手ファンモク・チスン（29歳）。彼の経歴は他の韓国人選手とは大きく異なる。

チェジュ島で生まれたファンモク・チスンは野球留学するため日本に渡り、京都国際高に進学した。高校を卒業すると亜細亜大学野球部に入部。大学で4年間プレーし、卒業後は日本の名門社会人野球チーム・セガサミーに入社し日本のプロ入りを目指してプレーを続けた。しかしその夢はかなわず、韓国に帰国。帰国後は韓国の独立球団・コヤンワンダーズを経て、昨年2013年に韓国で念願のプロ入りを果たした。29歳でようやくプロ選手としての歩みを始めたファンモク・チスン。彼について日本のかつての同僚たちに話を訊いた。

ファンモク・チスンをスカウトしたセガサミー野球部の撰田篤副部長（39歳）はファンモク・チスンを初めて見た時のことを、細かく覚えていた。「大学1年生の時、試合前のシートノックを受けている（ファンモク）チスンを見て、肩が強いショートという印象を受けました。その頃、ウチのチームは俊足で右投げ右打ちのショートを探していたので、4年生の時にウチに来ないかと声を掛けました」。

しかしファンモク・チスンの入社はスムーズには進まなかった。外国人という壁。ビザの問題だ。しかし撰田副部長はファンモク・チスンの「日本で野球を続けたい」という夢を実現させるため奔走。その末、ファンモク・チスンはセガサミーの一員となった。「チスンはいつでも〝オレはできます〟というのが口ぐせでした。でも入社1年目のキャンプの時、練習が終わるとベッドの上にユニフォームを着て靴を履いたままで寝てしまいました。大学の時に比べて練習がきつかったのでしょう」と撰田副部長はファンモク・チスンの当時のことを振り返った。

撰田副部長はファンモク・チスンのことを入社後、何度も叱ったという。「会社にはチスンが野球を続けられるようにバックアップしてくれた人たちがたくさんいました。でもチスンはそんな助けてくれた人たちをがっかりさせるようなことがあって、その度に怒りました。チスンにとって私はいつも怒っている人という印象があるかもしれません」。

その撰田副部長のもとに昨年10月、ファンモク・チスンから電話がかかってきた。「LG入団が決まったという連絡でした。怒ってばかりいたのに電話をくれて本当に嬉しかったです」。

ファンモク・チスンとの思い出を語った、セガサミー野球部の面々

佐藤俊和打撃コーチ（36歳）はファンモク・チスンには後悔があるという。「チスンは足首の故障で3年目まで出場機会がわずかでしたが、4年目に代打として頭角を現しました。しかしその時にもっとチスンの実力を伸ばしてあげる手助けができませんでした。そのことが残念です」。

また戦力分析を担当する城下尚也アナライザー（32歳）は「チスンは体が強くてワイルドでアグレッシブなプレーが好きでした。とにかく負けず嫌いでビッグマウスでしたね。でもかわいくて面白いヤツでしたよ」と一緒に過ごした時間を思い返した。

日本での生活を経て、晴れて韓国のプロ野球選手として歩み始めたファンモク・チスン。彼に向けて撰田副部長は「チスンの活躍は我々に刺激になります。〝おまえがやれるなら俺たちもやれる〟というみんなの目標です」と話した。

また佐藤コーチは「チスンが韓国で守備をしている映像を見ましたが、一緒にやっていた時よりもうまくなっていました。これからもチスンらしく積極的なプレーをして欲しいです。そしてセガサミーで苦労したことを忘れずに」と言い、城下アナライザーは「今でもカップラーメンばっかり食べているという話を聞きました。ちゃんと自己管理をするように」と健康を気遣った。

韓国で夢をつかんだファンモク・チスン。彼のこれからを日本から見守っている人たちがいる。

2014年9月2日

LG4位指名、チョン・ギュシクと阪神金田の友情

8月25日に行われた韓国プロ野球新人ドラフト。今年のドラフトでは海外でプレーした選手の指名が話題となった。その中でLGが2次指名4巡目で選んだ捕手、チョン・ギュシク（24歳）の指名を聞き、喜んだ日本のプロ野球選手がいる。チョン・ギュシクが大阪学院大に在学していた時にバッテリーを組んでいた阪神の投手、金田和之（24歳）だ。

巨人との首位攻防3連戦を前にし、緊張感が漂う東京ドームのグラウンドで金田にチョン・ギュシクについて聞くと、金田は「きのう（8月25日）、ドラフト指名されたと電話がありました」と笑顔で答えた。金田とチョン・ギュシクは1990年生まれの同学年。都城商業高を卒業した金田と京都国際高出身のチョン・ギュシクは共に大阪学院大野球部の門を叩いた。

「（チョン）ギュシクは高校の時から日本に住んでいたので、日本語での意思疎通は問題ありませんでした。元々は強気な性格ですが、キャッチャーとしては僕に気を遣ってくれていて、いつも僕が投げたい球を要求してくれました」。金田は落ち着いた口調で大学時代を振り返った。

2人は大学3年生だった2011年、大阪学院大野球部が所属する関西六大学の秋季リーグでベストナインに選ばれている。当時大阪学院大はリーグ4位という成績だったが、バッテリー部門では金田とチョン・ギュシクが高く評価された。

金田はチョン・ギュシクとの忘れられない思い出があるという。「大学4年生の秋季リーグ、大阪経済大戦に先発した時です。8回まで0対2で負けていましたが9回表にチョン・ギュシクが2ランホームランを打って同点に追いつきました。延長に入っても僕は続投。しかし10回裏にサヨナラヒットを打たれて負けてしまいました。その時にマスクをかぶっていたチョ

ン・ギュシクのものすごく悔しがっていた姿が印象に残っています」。

金田は速球と安定した制球力を武器に大学4年生の時、阪神からドラフト5位で指名を受けプロ入りを果たした。一方のチョン・ギュシクは日本球界を目標とするも夢はかなわなかった。金田を担当した阪神の山本宣史スカウトは当時のチョン・ギュシクについてこう話す。「もう少し内角を要求するリードをすればいいのにという印象を受けました。しかし今年、独立球団のコヤンワンダーズでのプレーを見ると、成長したように思います。日本で得たことを生かしています」。

プロ2年目の金田は今季35試合に登板し、先発での1勝を含む5勝1敗、防御率3・15を記録している。8月27日の巨人戦では9回裏4対4同点の場面で登板し、打者3人を抑えた。阪神は10回表に2点を挙げてリードを奪うと10回裏をオ・スンファンが締め、金田は大事なゲームで勝ち投手になった。

金田はチョン・ギュシクを指名したLGについて、「2月のキャンプで練習試合をしたので知っています。また対戦する機会があるかもしれないですね」と話した。阪神で自身の役割を果たしている金田と、この夏、韓国でプロ入りが決まったチョン・ギュシク。学生時代の盟友は日韓それぞれのリーグで歩んでいく。

2012年3月20日

八百長選手に激励のメッセージ

プロ野球八百長問題の捜査が一段落した。パク・ヒョンジュン、キム・ソンヒョン両投手（ともに前・LG）の関与が明らかになり、2人は韓国野球委員会（KBO）から野球活動停止処分と同時に、所属球団から退団処分を受けた。彼らはまだ20代の若者だ。今後の第2の人生の方がこれまでより遥かに長く、先行きに不安を感じていることだろう。

状況は異なるが、日本のプロ野球選手もユニフォームを脱いだ後について楽観視はしていない。昨年10月、日本野球機構（NPB）と転職支援の専門企業であるリクルートエージェントが、若いプロ野球選手を対象に、「セカンドキャリアに関するアンケート」を行った。223人の選手（平均年齢23・7歳）が回答したこの調査結果によると、引退後に70％が不安を持っているという。

引退後の進路については高校、大学、社会人チームでの指導者を希望する人が40・1％と最も多かった。しかし日本は韓国と異なり、プロ野球OBが高校生以下の球児を教えることはできない。

高校野球のコーチになるには教員免許を取得した後、同一の学校で2年以上教鞭を執らなければならない。日本では指導力があっても学生相手に教えること自体が容易ではないのだ。

先週、東京・新宿区にあるデーブ・ベースボールアカデミーを訪れた。そこは西武、巨人で活躍した大久保博元・楽天打撃コーチが代表を務める野球塾だ。プロ野球OBが指導するこの野球塾には、現在45人の生徒が1レッスン3人までの少人数クラスで、週1回の指導を受けている。彼らは皆、中学生以下。高校・大学生はプロOBから指導を受けると、出場停止などの罰則があるため、このようなスクールに通うことはできない。

この野球塾でコーチを務めるプロOBたちはコーチ業の他に仕事を掛け持ちしている。巨人などで外野手としてプレーした四條稔氏（45歳）はコンビニを経営。また中日などで投手として活躍した宮下昌己氏（47歳）は実家の米店を継いでいる。その他のコーチたちも同様で、彼らに八百長に関わった2選手のことを話すと、「一生懸命やればどんな仕事でもできるはず」と激励の言葉を残した。

古木氏（写真左）は現在スポーツの普及活動を行っている

また横浜などで強打者として活躍し、2009年に戦力外通告を受けた古木克明氏（31歳）は「野球以外の道もある」と説く。

彼は引退後、総合格闘技の選手に転向。Dynamiteなどの大会にも出場した。しかし現在はプロ野球選手復帰を目指し、野球塾でコーチをしながら自身のトレーニングをしている。「僕は格闘技を始めた時に、〝金のためじゃないか？〟と誤解をされました。その誤解を解くのは楽じゃなかったです。僕は2人に野球を続けろとは言いません。もしかしたら野球を早く辞めて良かったと思えるかもしれません。これまでたくさん挫折を経験したでしょうが、まだ20代なら野球だけではなくいろんな世界が広がっているはずです」。

八百長に関わった2人が信用を取り戻すのは簡単なことではないだろう。しかし彼らが再起を図るための機会は与えなければならない。機会があれば野球を辞めても生きる道はあると多くの人たちが証明している。

…それから…

日本では2013年に学生野球憲章が改定され、教職免許を取得しなくても研修を受けることでプロ野球経験者の学生野球資格回復ができるようになった。それによりプロ経験者が高校、大学の指導者になる道が広がっている。

2010年6月29日

早過ぎる別れ。ネクセン球団広報、イ・ファス氏

6月25日夜、メールボックスを開くと目を疑うような件名のメールが届いていた。その件名は「ネクセンヒーローズ広報チーム、故イ・ファス代理永眠報道資料」となっていた。

イ・ファス氏は同日、がんでの闘病中にこの世を去った。32歳という若さだった。イ・ファス氏と筆者との関係は、他の韓国人程は深くないかもしれないが、筆者にはとても大事な知人だった。

昨年2009年1月、筆者はネクセン（当時ヒーローズ）の取材のため、練習場があるウォンダン球場へ行く予定があった。しかしソウルの郊外にあるウォンダン球場へのアクセスはあまり良くなく、交通手段が悩みどころだった。するとイ・ファス氏は「オモッキョ駅の1番出口で待っていてください」と提案。彼の車でウォンダン球場に連れて行ってもらうことになった。その道中、筆者に1本の電話がかかってきた。電話の相手は筆者の妻だった。妻は落ち着いた口調でこう話した「お父さんが亡くなっちゃった」。

筆者が日本に帰国すると、イ・ファス氏からメールが届いていた。「義父さまのお葬式は無事に務められましたか？　故人のご冥福をお祈りいたします」。「義父さま」「葬式」という韓国語が筆者には難しいと思ったのか、カッコの中に(fatherr-in-law)、(funeral)と英訳が併記されていた。そんな優しい気配りのできる人だった。試合前のダッグアウトでも、いつも笑顔で取材陣を和ませてくれる。それが彼の長所だった。

彼が病気で休暇を取っていると知ったのは今年1月のこと。連絡をすると、「個人的な事情でしばらく休職(out-of-office)します。これからもチームとは関わりますが、以前のように細かな業務を行うのは難しくなりました」という返事だった。しかし彼は春季キャンプのスケジュール確認や取材申請内容を、事細かに同

僚に引き継いでくれていた。そのおかげで筆者のヒーローズの鹿児島キャンプ取材は中身の濃いものとなった。

鹿児島キャンプでは5人の左投手がブルペンで同時に投げていた姿がとても印象的だった。そのことを2月9日付けの本コラムで書くと、それがインターネット上に掲載されたわずか2時間後に、イ・ファス氏からメールが届いた。「ウチのチームのキャンプ地を取材して良いコラムを書いてくれてありがとうございます」。病気休暇中にもかかわらず、自分のチームのニュースにアンテナを張り、本来送る必要のないお礼のメールまでくれた彼の実直さに驚かされた。彼との連絡はこれが最後となった。

彼は今年、新年の挨拶の結びにこんな一言を記していた。「今年一年も韓国野球とヒーローズに関する良いコラムをたくさん書いてください」。

良いコラムを書けるかわからないが、彼のように誠実に人と向き合うことで報いたいと思う。

한화손해보
한화손해보
Hanw

【付録】

韓国野球の歴史
韓国プロ野球NPB出身選手成績一覧
NPBでプレーした韓国人選手一覧
韓国プロ野球本拠地マップ
韓国プロ野球球団紹介

韓国野球の歴史１

次々に登場するスターが時代を作り上げた

■韓国野球１００年

韓国に野球が伝わったのは１９００年代初頭、アメリカ人宣教師のフィリップ・ジレットによるものとされる。それから百余年。その間、韓国のプロ野球はどのように誕生し、進化を遂げていったのか。

■６チームでの船出

第二次世界大戦以降、高校、大学の学生野球、そして実業団野球の人気が高まっていった韓国。ファンの欲求はおのずとプロ野球の創設を望むこととなった。スローガンに「子供には夢を、若者には情熱を、すべての国民に余暇善用を」と掲げた韓国のプロ野球は１９８２年、６球団各80試合でスタートした。１年目のシーズンに最も活躍を見せたのは、パ・リーグ首位打者（１９７５年）の実績を引っ提げて帰国したペク・インチョン（白仁天／ＭＢＣ）だった。ペク・インチョンは監督も兼任しながら打率・４１２をマーク。首位打者を獲得した。また投手ではシーズン22連勝を記録したパク・チョルスン（朴哲淳／ＯＢ）が投手三冠を手にするなどファンの注目を集めた。

■日本からの使者たち

試合数が１００試合に増加した１９８３年。日本球界出身者たちが、その力を韓国のファンに見せつけた。巨人、南海、広島でプレーし２００５年に54歳の若さで急逝した、福士敬章（チャン・ミョンブ／張明夫）がサムミに入団。60試合、４２７回１／３に登板し、チームの勝ち星の６割に当たる30勝を挙げ最多勝を獲得した。１９８４年には巨人で数々のタイトルを手にした新浦壽夫（キム・イルユン／金日融）がサムソン入りし、韓国２年目の１９８５年には25勝を挙げてチームの前後期総合優勝に大きく貢献した。また活躍の場を求め渡韓した広島出身の木本茂美（キム・ムジョン／金戊宗）、木山英求（イ・ヨング／李英求）、西武、ロッテに在籍した徳山文宗（ホン・ムンジョン／洪文宗）などがレギュラーの座を掴み活躍したのもこの時期だ。

■球団運営の転換期

韓国プロ野球がスタートして４年目の１９８５年。弱小球団のサムミは、親会社の経営状態も悪化しシーズン途中、70億ウォンで球団をチョンボに売却した。またテジョンを本拠地としたOBは「プロ野球スタート3年後にはソウルへ移転」という契約があり、本拠地をソウルに移した。OBが去ったテジョンには、ピングレイーグルスが新規参入。韓国プロ野球は1986年から7球団で新たなスタートを切った。

■国宝級投手の登場

プレーオフ制が導入された1986年。この年のシリーズを制したのはヘテだった。そのヘテを引っ張ったのは、本拠地・クァンジュにそびえる山になぞらえ「ムドゥン（無等）山爆撃機」と呼ばれた投手、ソン・ドンヨル（宣銅烈）だった。ソン・ドンヨルはチームの勝ち星の1／3を越える24勝を挙げ、防御率は前代未聞の0・99。262回2／3を投げながら与えた本塁打はわずか2本だった。この年、シーズンMVPも獲得したソン・ドンヨルはその後も快投を続けていく。打者では1984年に三冠王に輝いたイ・マンス（李萬洙／サムソン）が、プロ発足から5年目に初の通算100号本塁打を達成した。ファンの関心がさらに高まる中、ロッテは本拠地球場を3万人以上が観戦できるサジク（社稷）球場に移転。野球を観る環境が少しずつ整っていった。

■ニューヒーローの誕生

80年代後半から90年代前半はヘテの黄金時代。ヘテは1986年から怒濤の4連覇を達成した。1991年、新球団としてチョンジュ（全州）を本拠地とするサンバンウルレイダースが誕生。これで全8球団が126試合を戦い、日々4カードが行われるようになった。またこの年には初の日韓親善スーパーゲームが開催。4年おきに3度、熱い戦いが繰り広げられた。

プロ野球創設から10年を経て、球界にはニューヒーローが続々登場した。豪快な打撃フォームのヤン・ジュンヒョク（梁埈赫／サムソン）は、新人ながら首位打者を獲得。またスピード感のある野球の楽しさをファンに伝え、「風の子」と呼ばれたイ・ジョンボム（李鍾範／ヘテ）は84盗塁でタイトルを手にした。さらにホームラン41本、初の100打点越えをしたチャン・ジョンフン（張鍾熏／ピングレ）、2006年に初の通算200勝を達成したソン・ジンウ（宋津宇／ピングレ）らが台頭してきたのもこの時期である。

国を超えた交流が加速化。高いレベルでの争いへと発展した

■新時代に突入。海外進出という選択

１９９４年、漢陽大2年のパク・チャンホ（朴賛浩）がロサンゼルス・ドジャースに契約金１２０万ドルで入団。国内プロ野球を経由せずに海外に進出する先駆けとなった。

一方、国内リーグでは抑えに転向して4年目のソン・ドンヨルも１９９６年、契約金と年俸を合わせ3億円で中日に入団。その後、イ・ジョンボム、イ・サンフン（李尚勲／ＬＧ）といった多くの韓国人選手が日本球界に進出するようになった。この頃の韓国球界は人気の絶頂期で、公式戦のリーグ観客動員数が５００万人を突破。大衆スポーツとして確固たる地位を築いていった。

■経済危機と球界の制度改革

90年代後半、韓国は大きなダメージを受ける。アジア通貨危機だ。球界でも財政が厳しくなる球団が現れた。ヘテは4億５０００万円の移籍金でイ・ジョンボムを中日へトレードし、サンバンウルは主力選手を次々に放出することで球団を保持し続けた。観客数も最盛期の半分にまで減少する中、球界の制度改革が行われた。

１９９８年、外国人選手の登録が解禁。経営難のサンバンウルを除く7球団に12人の外国人選手が入団した。中でもＯＢのタイロン・ウッズ（元中日）は本塁打、打点の2部門でタイトルを獲得。シーズンＭＶＰに輝いた。その後、ウッズは日本球界に進出し成功を収めている。韓国球界の外国人選手導入は、米系選手がステップアップの場として日韓を行き来するケースを増やしていった。

■新規参入球団への対処

球団運営が困難になったサンバンウルはＫＢＯからの支援金で延命するも状況は改善されず、球団は解体された。そして２０００年、新規参入球団として、インチョン（仁川）を本拠地とするＳＫワイバーンズが誕生した。ＳＫは球団創設8年目の２００７年に初優勝。翌年には連覇を果たし、短期間で球界をリードする存在に成長した。一方、１９９９年までインチョンを地元にし、２０００年からソウル移転までの暫定処置としてスウォンを本拠地としたヒョンデユニコーンズは経営難により、２００７年限りで消

滅。2008年に新球団・ウリヒーローズ（現・ネクセンヒーローズ）が誕生した。

■ドリームチームでの銅メダル

2000年のシドニー五輪。韓国球界は期間中公式戦を中断し、メダル獲得へ全力を傾けた。3位決定戦の相手は予選リーグを延長戦の末勝利した宿敵・日本。試合はク・デソン（具臺晟／ハンファ）と松坂大輔（現・ソフトバンク）の投げ合いとなった。均衡を破ったのは、前年に54本塁打を放ち国民的打者となったイ・スンヨプ（李承燁／サムソン）。松坂を攻略した韓国は、銅メダルを獲得。ドリームチームの活躍に韓国中が熱狂した。

■30年を経てさらなる発展へ

プロ野球誕生から30年が経過し、プロ創成期の選手たちが監督になった。また、かつてはパワー重視だったプレースタイルに変わって、キム・ソングン（金星根／ハンファ監督）に代表される、緻密な野球が成功を収め始めた。そして、2008年の北京五輪では韓国代表チームが9戦全勝で金メダルを獲得。この年は人気チーム・ロッテが8年ぶりにポストシーズンへ進出し、国内リーグの総動員数が、1995年以来となる500万人を突破した。さらに2009年はWBC準優勝の盛り上がりそのままに、過去最高の592万人を動員。12年はロッテ、トゥサン、LG、SKの4球団が主催試合100万人を超え、総動員数は初の700万人を突破。野球人気は最高潮を迎えた。

■10球団制の新たなスタート

2012年のオフ、リュ・ヒョンジン（柳賢振／ハンファ）がドジャースと6年の大型契約を結び、韓国人として13人目、国内リーグから直接メジャー入りする初の選手となった。国内リーグは2013年に9球団目としてNCダイノスが、2014年には10球団目のktウィズがそれぞれ二軍での準備期間を経て一軍に加わった。そして昨秋、韓国初のドーム球場、コチョク（高尺）スカイドームがソウルにオープン。球界の新たな一歩を歩み始めている。

かつて日本の選手が海を渡りレベルの違いを見せつけた。次に韓国の選手が日本の土を踏み挑戦した。現在では日韓のみならずメジャーも巻き込み、選手の往来が活発になっている。その間、韓国球界は大きく発展した。野球、そこに国境はない。ハイレベルでの交流は、今後の韓国球界をより一層、成長させるだろう。

韓国プロ野球 NPB出身選手成績一覧

日本出身で日本の学校からNPBを経て韓国プロ野球入りした選手の中で、一軍出場した選手を掲載しています。

徳山文宗 홍문종 ホン ムンジョン 1954.11.14 左左 外野

興国高-立命館大-クラウン(77),西武-ロッテ(81)

年度	所属	打率	試合	安打	本塁打	打点	盗塁
	日本通算	.024	44	1	0	0	0
1984	ロッテ	.339	100	122	11	53	36
1985	ロッテ	.260	107	102	11	58	16
1986	ロッテ	.274	103	106	3	29	39
1987	ロッテ	.287	108	119	7	49	25
1988	ロッテ	.279	87	89	4	25	22
1989	テピョンヤン	.241	114	92	6	31	16
1990	テピョンヤン	.235	74	42	1	14	7
	韓国通算	.276	693	672	43	259	161

◇最多安打(84) オールスター戦出場(84,85,86,87) 韓国シリーズ出場(84) ゴールデングラブ賞(84)

金井正幸 김정행 キム ジョンヘン 1952.5.25 右右 投手

熊本工-王子製紙春日井-中日(74)-ロッテ(82)

年度	所属	防御率	勝利	敗戦	セーブ	投球回	三振
	日本通算	6.04	1	6	6	161	75
1985	ロッテ	2.73	7	5	0	115 1/3	55
1986	ロッテ	2.90	7	7	0	118	51
1987	ロッテ	3.62	6	5	0	102	46
1988	ロッテ	3.64	8	4	0	94	29
	韓国通算	3.19	28	21	0	429 1/3	181

◇ノーヒットノーラン達成(86)

柳沢高雄 유고웅 ユ ゴウン 1958.12.21 右右 内野

上宮高-中日(77)

年度	所属	打率	試合	安打	本塁打	打点	盗塁
	日本通算	.000	66	0	0	1	1
1985	MBC	.193	89	44	4	15	7
1986	MBC	.275	101	96	5	39	12
1987	MBC	.245	88	69	2	26	9
1988	MBC	.255	58	42	0	11	14
	韓国通算	.245	336	251	11	91	42

吉村元富 고원부 コ ウォンブ 1962.4.17 右右 外野

中京高-南海(81)

年度	所属	打率	試合	安打	本塁打	打点	盗塁
	日本通算	.286	5	2	1	2	0
1986	ピングレ	.245	84	76	3	33	13
1987	ピングレ	.324	104	123	7	51	14
1988	ピングレ	.277	98	89	9	50	10
1989	ピングレ	.327	109	112	6	45	5
1990	ピングレ	.253	107	73	9	45	4
1991	ピングレ	.229	39	19	1	8	0
1992	OB	.217	53	34	2	12	6
	韓国通算	.280	594	526	37	244	52

◇首位打者(89) オールスター戦出場(87,89) 韓国シリーズ出場(88,89) ゴールデングラブ賞(89)

金城信夫 김신부 キム シンブ 1963.7.6 右右 投手

市川高-南海(82) 日本での一軍出場なし

年度	所属	防御率	勝利	敗戦	セーブ	投球回	三振
1986	チョンボ	3.21	10	10	0	233	89
1987	チョンボ	4.04	6	11	1	113 2/3	33
1988	テピョンヤン	3.87	9	8	1	123 1/3	38
1989	テピョンヤン	4.31	5	5	2	96	31
1990	LG	4.09	2	2	1	33	6
	韓国通算	3.73	32	36	5	599	197

◇オールスター戦出場(88)

木原彰彦 박창언 パク チャンオン 1958.11.28 右右 内野

布施工高-デュプロ-広島(82) 日本での一軍出場なし

年度	所属	打率	試合	安打	本塁打	打点	盗塁
1986	OB	.245	47	34	0	11	4

金城基泰 김기태 キム ギテ 1952.10.16 右右 投手

此花商高-広島(71)-南海(77)-巨人(85)

年度	所属	防御率	勝利	敗戦	セーブ	投球回	三振
	日本通算	3.33	68	71	92	1162	919
1986	チョンボ	3.18	9	14	5	175 1/3	109
1987	サムソン	4.74	7	5	0	95	46
	韓国通算	3.73	16	19	5	270 1/3	155

◇韓国シリーズ出場(87)

石川厚 김시철 キム シチョル 1958.11.24 右右 投手

博多高-巨人(78) 日本での一軍出場なし

年度	所属	防御率	勝利	敗戦	セーブ	投球回	三振
1982	MBC	3.18	1	0	0	5 2/3	0

宇田東植 주동식 チュ ドンシク 1948.8.23 右右 投手

拓大一高-中央大-本田技研-東映(72),日拓,日本ハム-阪神(82)

年度	所属	防御率	勝利	敗戦	セーブ	投球回	三振
	日本通算	3.97	16	19	0	471 2/3	155
1983	ヘテ	3.35	7	7	3	134 1/3	56
1984	ヘテ	2.27	6	5	0	83 1/3	27
	韓国通算	2.94	13	12	3	217 2/3	83

◇オールスター戦出場(83) 韓国シリーズ出場(83)

福士敬章 장명부 チャン ミョンブ 1950.12.27 右右 投手

鳥取西高-巨人(69)-南海(73)-広島(77)

年度	所属	防御率	勝利	敗戦	セーブ	投球回	三振
	日本通算	3.68	91	84	9	1634 2/3	785
1983	サムミ	2.34	30	16	6	427 1/3	220
1984	サムミ	3.30	13	20	7	261 2/3	145
1985	サム/チョ	5.30	11	25	5	246	128
1986	ピングレ	4.98	1	18	0	108 1/3	48
	韓国通算	3.55	55	79	18	1043 1/3	541

◇最多勝(83) 最多奪三振(83) ゴールデングラブ(83) オールスター戦出場(83,84,85) *05年に急逝

木本茂美 김무종 キム ムジョン 1954.4.7 右右 捕手

桜ヶ丘高-広島(73)

年度	所属	打率	試合	安打	本塁打	打点	盗塁
	日本通算	.150	15	3	1	2	0
1983	ヘテ	.262	93	81	12	60	2
1984	ヘテ	.244	66	53	7	22	0
1985	ヘテ	.247	87	65	7	35	1
1986	ヘテ	.224	101	71	8	44	0
1987	ヘテ	.226	89	55	7	31	1
1988	ヘテ	.125	9	1	0	0	0
	韓国通算	.240	445	326	41	192	4

◇オールスター戦出場(83,84,85,86,87) オールスターMVP(86) 韓国シリーズ出場(83,86,87)

木山英求 이영구 イ ヨング 1954.12.24 右右 内野

呉港高-広島(73)

年度	所属	打率	試合	安打	本塁打	打点	盗塁
	日本通算	.000	10	0	0	0	0
1983	サムミ	.277	100	102	5	36	5
1984	サムミ	.257	100	97	5	37	5
1985	サム/チョ	.280	77	69	3	31	3
	韓国通算	.270	277	268	13	104	13

菊村徳用 박덕용 パク トクヨン 1956.11.7 左左 投手

兵庫育英高-ロッテ(75)-西武(79)-近鉄(81) 日本での一軍出場なし

年度	所属	防御率	勝利	敗戦	セーブ	投球回	三振
1984	ロッテ	5.21	1	2	0	19	4

新浦壽夫 김일융 キム イルユン 1951.5.11 左左 投手

静岡商高-巨人(68)-サムソン(84)-横浜大洋(87)-福岡ダイエー(92)-ヤクルト(92)

年度	所属	防御率	勝利	敗戦	セーブ	投球回	三振
	日本通算	3.45	116	123	39	2158 2/3	1706
1984	サムソン	2.27	16	10	3	222	155
1985	サムソン	2.79	25	6	0	226	107
1986	サムソン	2.53	13	4	0	138 2/3	60
	韓国通算	2.53	54	20	3	586 2/3	322

◇最多勝(85) オールスター戦出場(84,85) 韓国シリーズ出場(84,86)
*現・野球評論家

石山一秀 송일수 ソン イルス 1950.12.13 右右 捕手

平安高-近鉄(70)-サムソン(84)-近鉄・コーチ(88)

年度	所属	打率	試合	安打	本塁打	打点	盗塁
	日本通算	.222	215	16	1	8	0
1984	サムソン	.277	64	38	2	16	1
1985	サムソン	.208	55	27	2	20	2
1986	サムソン	.155	40	13	0	4	0
	韓国通算	.222	159	78	4	40	3

◇韓国シリーズ出場(84,86) *2014年にトゥサン監督を務める

田中 実　김 실 キム シル 1967.6.3 左左 外野

尽誠学園高-日本ハム(86)

年度	所属	打率	試合	安打	本塁打	打点	盗塁
	日本通算	.255	331	154	0	39	25
1994	サムソン	.273	115	92	3	33	4
1995	サムソン	.201	89	31	1	15	6
1996	サンバンウル	.291	124	122	0	38	6
1997	サンバンウル	.267	118	96	0	38	4
1998	サンバンウル	.255	127	116	4	45	11
1999	トゥサン	.244	103	49	1	23	5
2000	トゥサン	.385	10	5	0	0	0
	韓国通算	.264	686	511	9	192	36

◇オールスター戦出場(96,98)

吉本一義　이일의 イ イルウィ 1971.11.30 左左 外野

北陽高-大阪経済大-ダイエー(94)

年度	所属	打率	試合	安打	本塁打	打点	盗塁
	日本通算	.200	32	6	0	0	1
2002	ＬＧ	.246	72	30	1	8	0
2003	ＬＧ	.000	2	0	0	0	0
	韓国通算	.242	74	30	1	8	0

光山英和　김영화 キム ヨンファ 1965.11.20 右右 捕手

上宮高-近鉄(84)-中日(97)-巨人(99)-千葉ロッテ(01)-横浜(02)

年度	所属	打率	試合	安打	本塁打	打点	盗塁
	日本通算	.238	726	332	42	136	8
2003	ロッテ	.111	7	1	1	1	0

高山智行　고지행 コ ジヘン 1978.5.3 右右 内野

箕島高-米独立リーグ-阪神(00)　日本での一軍出場なし

年度	所属	打率	試合	安打	本塁打	打点	盗塁
	日本通算	.222	215	16	1	8	0
2003	サムソン	.281	92	71	4	27	9
2004	サムソン	.000	2	0	0	0	0
2005	ハンファ	.231	25	15	2	8	0
	韓国通算	.269	119	86	6	35	9

◇二軍南部リーグ首位打者(05)

入来 智　이리키 外国人選手登録 1967.6.3 右右 投手

鹿児島実業高-三菱自動車水島-近鉄(90)-広島(96)-近鉄(97)-巨人(99)-ヤクルト(01)

年度	所属	防御率	勝利	敗戦	セーブ	投球回	三振
	日本通算	4.25	35	30	2	605 2/3	422
2003	トゥサン	3.74	7	11	5	159	87

◇防御率7位(03)　初の外国人登録の日本人選手

塩谷和彦　시오타니 外国人選手登録 1974.5.27 右右 内野

神港学園高-阪神(93)-オリックス(02)

年度	所属	打率	試合	安打	本塁打	打点	盗塁
	日本通算	.264	496	381	29	145	15
2006	ＳＫ	.297	23	27	3	19	1

高津臣吾　다카쓰 外国人選手登録 1968.11.25 右右 投手

広島工高-亜細亜大-ヤクルト(91)-ホワイトソックス(04)-メッツ(05)-ヤクルト(06)

年度	所属	防御率	勝利	敗戦	セーブ	投球回	三振
	日本通算	3.20	36	46	286	761 1/3	591
2008	ウリ/ヒーローズ	0.86	1	0	8	21	18

◇途中入団し、抑えとして活躍。現・東京ヤクルトで投手コーチ

大原秉秀　강병수 カン ビョンス 1984.4.16 右右 内野

福知山成美-ヤクルト(03)

年度	所属	打率	試合	安打	本塁打	打点	盗塁
	日本通算	.231	19	9	0	1	1
2009	ハンファ	.000	16	0	0	0	0

門倉 健　카도쿠라 外国人選手登録 1973.7.29 右右 投手

聖望学園高-東北福祉大-中日(96)-近鉄(00)-横浜(04)-巨人(07)

年度	所属	防御率	勝利	敗戦	セーブ	投球回	三振
	日本通算	4.36	76	82	10	1276	1146
2009	ＳＫ	5.00	8	4	0	126	98
2010	ＳＫ	3.22	14	7	0	153 2/3	143
2011	サムソン	4.07	5	6	0	86 1/3	62
	韓国通算	4.03	27	17	0	366	303

◇オールスター戦出場(10) 韓国シリーズ出場(09,10)

岡本真或　오카모토 外国人選手登録 1974.10.21 右右 投手

峰山高-佐藤工務店-阿部企業-ヤオハンジャパン-アムウェイ・レッドソックス-ヤマハ-中日(01)-埼玉西武(08)-東北楽天(11)

年度	所属	防御率	勝利	敗戦	セーブ	投球回	三振
	日本通算	3.21	32	19	2	426	421
2010	ＬＧ	3.00	5	3	16	48	40

◇韓国球界からＮＰＢに復帰した初の日本人選手

太田龍生　정용생 チョン ヨンセン 1964.4.29 右右 投手

大分高田高-広島(83)　日本での一軍出場なし

年度	所属	防御率	勝利	敗戦	セーブ	投球回	三振
1988	サムソン	7.71	0	3	0	28	7

金本誠吉　김성길 キム ソンギル 1956.5.22 右右 投手

中京高-本田技研鈴鹿-阪急(78)

年度	所属	防御率	勝利	敗戦	セーブ	投球回	三振
	日本通算	4.89	1	7	2	184	99
1987	サムソン	3.19	0	1	3	31	13
1988	サムソン	2.80	8	4	6	151 1/3	62
1989	サムソン	2.81	14	11	2	233 2/3	97
1990	サムソン	3.79	13	6	3	166 1/3	51
1991	サムソン	3.30	16	12	18	188	94
1992	サムソン	5.14	1	7	1	70	30
1993	サンバンウル	3.93	2	5	6	84 2/3	40
	韓国通算	3.38	54	46	39	925	387

◇オールスター戦出場(89,90) 韓国シリーズ出場(87,90)

浜田一夫　김일부 キム イルブ 1963.6.20 右右 投手

愛知高-中日(82)

年度	所属	防御率	勝利	敗戦	セーブ	投球回	三振
	日本通算	6.30	0	0	0	10	13
1988	テピョンヤン	4.38	2	4	2	72	39

宮城弘明　김홍명 キム ホンミョン 1962.6.16 左左 投手

横浜商高-ヤクルト(81)

年度	所属	防御率	勝利	敗戦	セーブ	投球回	三振
	日本通算	7.17	0	3	0	42 2/3	36
1988	ピングレ	4.27	8	13	0	151 2/3	61
1989	ピングレ	4.01	6	8	0	125 2/3	78
1990	ピングレ	3.38	8	3	0	112	49
1991	ピングレ	5.86	3	3	0	55 1/3	34
1992	ピングレ	6.34	5	4	0	61	30
	韓国通算	4.43	30	31	0	505 2/3	252

◇オールスター戦出場(88,89,92)

吉本 博　송재박 ソン ジェバク 1956.10.15 右右 外野

南陽工高-太平洋(75),クラウン,西武-横浜大洋(83)

年度	所属	打率	試合	安打	本塁打	打点	盗塁
	日本通算	.229	278	120	21	58	2
1988	OB	.310	90	81	13	51	3
1989	OB	.265	86	62	3	33	0
1990	OB	.222	41	24	0	6	1
1991	テピョンヤン	.196	30	10	0	5	1
	韓国通算	.271	247	177	16	95	5

*現・トゥサン二軍打撃コーチ

竹田光訓　송광훈 ソン グァンフン 1962.8.9 右右 投手

日大一高-明治大-横浜大洋(85)-サムソン(89)-横浜大洋(91)

年度	所属	防御率	勝利	敗戦	セーブ	投球回	三振
	日本通算	4.01	1	2	0	60 2/3	32
1989	サムソン	10.59	1	1	0	17	15
1990	サムソン	9.19	0	2	0	15 2/3	5
	韓国通算	9.92	1	3	0	32 2/3	20

金沢信彦　김병수 キム ビョンス 1964.9.14 右右 外野

三田学園高-近鉄(83)

年度	所属	打率	試合	安打	本塁打	打点	盗塁
	日本通算	.143	4	1	0	0	0
1990	ロッテ	.264	73	43	4	26	1
1991	ロッテ	.158	24	6	0	3	0
	韓国通算	.244	97	49	4	29	1

佐藤文彦　정문언 チョン ムンオン 1962.8.13 右右 外野

武庫荘高-日本ハム(81)

年度	所属	打率	試合	安打	本塁打	打点	盗塁
	日本通算	.227	50	25	1	6	0
1991	テピョンヤン	.272	114	91	7	33	1
1992	テピョンヤン	.309	78	67	6	24	1
	韓国通算	.286	192	158	13	57	2

桧山泰浩　황태호 ファン テホ 1967.4.11 右右 投手

東筑高-近鉄(86)　日本での一軍出場なし

年度	所属	防御率	勝利	敗戦	セーブ	投球回	三振
1992	サンバンウル	81.00	0	0	0	1/3	0

鴻野淳基　홍순기 ホン スンギ 1967.7.10 右右 内野

名古屋電気高-西武(00)-巨人(85)-横浜大洋(92)

年度	所属	打率	試合	安打	本塁打	打点	盗塁
	日本通算	.255	450	193	14	60	44
1994	ロッテ	.111	19	4	0	3	0

NPBでプレーした韓国人選手一覧

韓国で生まれ育った、NPB在籍経験のある韓国人選手一覧です。
なお、以下の選手はNPB在籍時、外国人選手登録にはなっていません。
白仁天…日本統治下当時の韓国の高校出身のため（京東高校）
金無英、申成鉉…日本の高校、大学に3年以上、在学していたため

入団年	選手名	位置	移籍前所属先	日本所属球団	韓国での成績	日本での成績	現職
1962	白仁天《ペクインチョン》	捕手、外野手	農業銀行	東映、太平洋、ロッテ、近鉄	117試合 率.335 23本 91点	1969試合 率.278 209本 776点	野球評論家
1996	宣銅烈《ソンドンヨル》	投手	ヘテ	中日	367試合 146勝40敗 132S 防1.20	162試合 10勝4敗98S 防2.70	14年オフ監督辞任
1996	趙成珉《チョソンミン》	投手	高麗大	巨人	35試合 3勝4敗0S 防5.09	53試合 11勝10敗11S 防2.84	13年1月に急逝
1998	李鍾範《イジョンボム》	内野手、外野手	ヘテ	中日	1706試合 率.297 194本 730点	311試合 率.261 27本 99点	野球評論家
1998	李尚勲《イサンフン》（サムソン・リー）	投手	LG	中日	308試合 71勝40敗98S 防2.56	47試合 7勝5敗3S 防3.30	コーチ（LG）
2000	鄭珉哲《チョンミンチョル》	投手	ハンファ	巨人	393試合 161勝128敗 10S 防3.51	12試合 3勝2敗0S 防4.70	野球評論家
2001	鄭珉台《チョンミンテ》	投手	ヒョンデ	巨人	290試合 124勝96敗3S 防3.48	27試合 2勝1敗0S 防6.28	コーチ（ハンファ）
2001	具臺晟《クデソン》	投手	ハンファ	オリックス	569試合 67勝71敗214S 防2.85	110試合 24勝34敗10S 防3.88	現役（豪・シドニー）
2004	李承燁《イスンヨブ》	内野手	サムソン	千葉ロッテ、巨人、オリックス	★1771試合 率.304 443本 1411点	797試合 率.257 159本 439点	現役（サムソン）
2007	李炳圭《イビョンギュ》	外野手	LG	中日	★1741試合 率.311 161本 972点	265試合 率.254 28本 119点	現役（LG）
2008	林昌勇《イムチャンヨン》	投手	サムソン	東京ヤクルト	★672試合 117勝75敗 247S 防3.34	238試合 11勝13敗128S 防2.09	現役（KIA）
2009	李惠踐《イヘチョン》	投手	トゥサン	東京ヤクルト	706試合 56勝48敗7S 防4.42	61試合 1勝2敗1S 防4.12	現役（豪・アデレード）
2009	金無英《キムムヨン》	投手	四国九州IL・福岡	福岡ソフトバンク、東北楽天	所属経験なし	87試合 2勝2敗0S 防2.85	16年10月楽天から戦力外通告
2009	申成鉉《シンソンヒョン》	内野手	京都国際高	広島	★153試合 率.258 12本 41点	一軍出場なし	現役（ハンファ）
2010	金泰均《キムテギュン》	内野手	ハンファ	千葉ロッテ	★1653試合 率.324 276本 1157点	172試合 率.265 22本 106点	現役（ハンファ）
2010	李杋浩《イボムホ》	内野手	ハンファ	福岡ソフトバンク	★1766試合 率.271 283本 964点	48試合 率.226 4本 8点	現役（KIA）
2011	朴賛浩《パクチャンホ》	投手	米・パイレーツ	オリックス	23試合 5勝10敗0S 防5.06	7試合 1勝5敗0S 防4.29	12年限りで引退
2011	金炳賢《キムビョンヒョン》	投手	米・ジャイアンツ	東北楽天	★78試合 11勝23敗0S 防6.19	一軍出場なし	現役（KIA）
2012	李大浩《イデホ》	内野手	ロッテ	オリックス、福岡ソフトバンク	1150試合 率.309 225本 809点	570試合 率.293 98本 348点	現役（米・マリナーズ）
2012	白嗟承《ペクチャスン》	投手	米・独立リーグ	オリックス、千葉ロッテ	所属経験なし	一軍出場なし	所属先なし
2012	宋相勲《ソンサンフン》	外野手	信一高	中日	所属経験なし	一軍出場なし	所属先なし
2014	呉昇桓《オスンファン》	投手	サムソン	阪神	444試合 28勝13敗277S 防1.69	127試合 4勝7敗80S 防2.25	現役（米・カージナルス）
2015	李大恩《イデウン》	投手	米・カブス傘下	千葉ロッテ	所属経験なし	40試合 9勝9敗 0S 防3.97	軍入隊予定
2016	河載勲《ハジェフン》（ジェフン）	外野手	四国IL・徳島	東京ヤクルト	所属経験なし	★17試合 率.225 0本 2点	現役（ヤクルト）

★印は当該リーグでプレー中

韓国プロ野球 本拠地マップ

韓国プロ野球
球団紹介

トゥサン ベアーズ

サムソン ライオンズ

NC ダイノス

ネクセン ヒーローズ

SK ワイバーンズ

ハンファ イーグルス

KIA タイガース

ロッテ ジャイアンツ

LG ツインズ

kt ウィズ

サムソン ライオンズ
삼성 라이온즈
SAMSUNG LIONS
http://www.samsunglions.com/

■球団事務所
〒42250 大邱広域市壽城区野球伝説路1 大邱サムソンライオンズパーク内　TEL/053-780-3300
■本拠地球場／テグサムソンライオンズパーク

■準本拠地／ポハン（浦項）野球場

■二軍球場／キョンサン（慶山）ボールパーク

■2016年春季キャンプ地
1次 米国 グアム
2次 沖縄県国頭郡恩納村 ONNA赤間ボール・パーク

■オーナー／イ スビン
球団社長／キム ドンファン
球団団長／アン ヒョンホ

■球団小史
日本でも「サムスン」として有名な電子部門を中心とする財閥・サムソンが親会社。球界発足以来、球団名、本拠地が変わらず、一度も最下位を経験していない常勝チームだ。2011年から14年まで球界初の４年連続公式戦１位と韓国シリーズ４連覇を成し遂げた。2016年は新球場の「テグサムソンライオンズパーク」に本拠地を移転。伝統、財力、実力に見合った新たな城でシーズンを迎えた。

■これまでに在籍した主なＮＰＢ経験者
- **新浦壽夫**／巨人–サムソン（84〜86）–大洋–ダイエー–ヤクルト
- **イ スンヨプ（李承燁）**／サムソン（95〜03）–千葉ロッテ–巨人–オリックス-サムソン（12〜）
- **イム チャンヨン（林昌勇）**／ヘテ-サムソン（99〜07）–ヤクルト–カブス-サムソン（14〜15）–KIA
- **門倉 健**／中日–近鉄–横浜–巨人–SK–サムソン（11）–サムソンコーチ（13〜15）
- **オ スンファン（呉昇桓）**／サムソン（05〜13）–阪神–カージナルス
- **ヤマイコ・ナバーロ**／サムソン（14〜15）–千葉ロッテ

トゥサン ベアーズ
두산 베어스
DOOSAN BEARS
http://www.doosanbears.com/

■球団事務所
〒05500ソウル特別市松坡区オリンピック路25
蚕室野球場内　TEL／02-2240-1777

■本拠地球場／チャムシル総合運動場

■二軍球場／ベアーズパーク

■2016年春季キャンプ地
1次 豪州ニューサウスウェールズ州ルーティヒル
2次 宮崎県宮崎市　清武総合運動公園野球場 他

■オーナー／パク チョンウォン
球団社長／キム スンヨン
球団団長／キム テリョン

■球団小史
かつてはビールの銘柄として知られるＯＢを球団名にしていたが、1999年より財閥名のトゥサンを名乗る。親会社グループは発電所のタービン供給や淡水化装置開発などのインフラ事業をメインにしている。プロ野球発足当初の本拠地はテジョンだったが、1985年より現在のソウルに根を下ろし、翌年からチャムシル球場をＬＧと共同使用している。2015年に14年ぶり４度目の韓国シリーズ制覇を果たした。

■これまでに在籍した主なＮＰＢ経験者
- **吉本 博**／太平洋–クラウン–西武–大洋–OB（88〜90）–テピョンヤン–OB・トゥサンコーチ（92〜）
- **イ ヘチョン（李恵践）**／OB・トゥサン（98〜08）–ヤクルト–トゥサン（11〜13）–NC
- **タイロン・ウッズ**／OB・トゥサン（98〜02）–横浜–中日
- **入来 智**／近鉄–広島–近鉄–巨人–ヤクルト–トゥサン（03）
- **マット・ランデル**／ダイエー–巨人–トゥサン（05〜09）
- **ダニエル・リオス**／KIA–トゥサン（05途中〜07）–ヤクルト

ネクセン ヒーローズ

넥센 히어로즈

NEXEN HEROES

http://www.heroes-baseball.co.kr

■球団事務所
〒08223 ソウル特別市九老区京仁路431
コチョクスカイドーム内　TEL／02-3660-1000

■本拠地球場／コチョクスカイドーム

■二軍球場／ファソン（華城）ヒーローズ ベースボールパーク

■2016年春季キャンプ地
1次 米国アリゾナ州 サプライズ
2次 沖縄県 各球場で練習試合

■オーナー／パク セヨン
球団社長／イ ジャンソク
球団団長／ナムグン チョンファン

■球団小史
ヒョンデ球団解体後、2008年に新球団として誕生。親会社所有の球団ではなく、スポンサー企業からの命名権料で運営する方式をとっている。しかし初年度のシーズン途中、ウリたばこがメインスポンサーを外れ、その後はヒーローズとして戦った。2010年からはネクセンタイヤが命名権を取得し現在に至っている。2016年に本拠地をこれまでのモクトン球場から、韓国初のドーム球場、コチョクスカイドームに移転した。

■これまでに在籍した主なNPB経験者
- **ブランドン・ナイト**／ダイエー–日本ハム–サムソン–ネクセン（11～14）–ネクセンコーチ（16）
- **エイドリアン・バーンサイド**／巨人–ネクセン（10）
- **クリフ・ブランボー**／ヒョンデ（03～04）–オリックス–ヒョンデ（07）、ウリ/ヒーローズ（08～09）
- **高津臣吾**／ヤクルト–ウリ/ヒーローズ（08）
- **キム ビョンヒョン（金炳賢）**／楽天–ネクセン（12～14途中）–KIA
- **アンディ・バンヘッケン**／ネクセン（12～15）–西武–ネクセン（16途中～）

NC ダイノス

NC 다이노스

NC DINOS

http://www.ncdinos.com/

■球団事務所
〒51323 慶尚南道昌原市馬山會原区三呼路63
TEL／ 055-608-8201

■本拠地球場／マサン総合運動場野球場

■二軍球場／コヤン（高陽）国家代表 野球訓練場

■2016年春季キャンプ地
1次 米国 アリゾナ州ツーソン
2次 米国 カリフォルニア州コンプトン

■オーナー／キム テクチン
球団社長／イ テイル
球団団長／ペ ソクヒョン

■球団小史
人気オンラインゲーム・リネージュの開発、供給などで知られるゲーム企業・NCソフトが親会社。9球団目の新球団として2012年に二軍リーグに加わり、翌年、一軍に参入した。一軍2年目の2014年にポストシーズン初進出し、翌2013年も公式戦2位の好成績を残してプレーオフに出場した。ホーム球場は2010年までロッテが準本拠地として使用していたマサン。2016年に人工芝から天然芝への張替が行われた。

ハンファ イーグルス

한화 이글스

HANWHA EAGLES

http://www.hanwhaeagles.co.kr/

■球団事務所
〒35021 大田広域市中区大宗路373　運動場内
TEL／042-630-8200

■本拠地球場／ハンファ生命イーグルスパーク

■準本拠地／チョンジュ（清州）総合競技場

■二軍球場／ソサン（瑞山）野球場

■2016年春季キャンプ地
1次 高知県高知市　高知市総合運動場野球場
2次 沖縄県島尻郡八重瀬町 東風平運動公園野球場

■オーナー／キム スンヨン
球団社長／キム シンヨン
球団団長／パク チョンギュ

■球団小史
石油化学や流通産業を手がける財閥・ハンファの球団。1986年に球界に新規参入した当時の名称は乳製品企業・ピングレだった。優勝回数は1度だが、永久欠番となっている3人の名選手を輩出している（35/チャン・ジョンフン、21/ソン・ジンウ、23/チョン・ミンチョル）。そしてドジャースに在籍しているリュ・ヒョンジンの古巣でもある。2015年にキム・ソングン監督を迎えたことで注目が集まり、観客数が増えている。

■これまでに在籍した主なNPB経験者
- 吉村元富／南海–ピングレ（86～91）–OB
- チョン ミンチョル(鄭珉哲)／ピングレ（92～93）–ハンファ（94～99）–巨人-ハンファ（02～09）–ハンファコーチ（10～14）
- ク デソン(具臺晟)／ピングレ（93）–ハンファ（94～00）–オリックス–ハンファ（06～10）
- キム テギュン(金泰均)／ハンファ（01～09）–千葉ロッテ–ハンファ（12～）
- チョ ソンミン(趙珉成)／巨人–ハンファ（05～07）–トゥサンコーチ
- パク チャンホ(朴賛浩)／オリックス–ハンファ（12）

SK ワイバーンズ

SK 와이번스

SK WYVERNS

http://www.sksports.net/Wyverns/

■球団事務所
〒21573 仁川広域市南洞区芸術路138
イトタワー15階
TEL／ 032-455-2600

■本拠地球場／インチョンSK幸福ドリーム球場

■二軍球場／ＳＫドリームパーク

■2016年春季キャンプ地
1次 米国 フロリダ州ベロビーチ
2次 沖縄県うるま市 具志川野球場

■オーナー／チェ チャンウォン
球団社長／リュ ジュンヨル
球団団長／ミン ギョンサム

■球団小史
通信や石油関連で成長を遂げる財閥・SK（鮮京グループ）が親会社。インチョンを本拠地として2000年に創設し、2002年からはムナク球場（現名称：インチョンSK幸福ドリーム球場）を本拠地にしている。チーム名の「ワイバーン」とは英語で「飛龍」の意。2007、08、10年と優勝しアジアシリーズ、日韓クラブチャンピオンシップで来日。2007年から6年連続韓国シリーズに進出していた。

■これまでに在籍した主なNPB経験者
- ホセ・フェルナンデス／SK（02）–千葉ロッテ–西武–楽天–オリックス–西武-楽天
- エディ・ディアス／広島–SK（03）–ハンファ
- 塩谷和彦／阪神–オリックス–SK（06）
- ケニー・レイボーン／広島–SK（07～08）
- ゲーリー・グローバー／巨人–SK（09～11）
- クリス・セドン／SK（13）–巨人–SK（16）

ロッテ ジャイアンツ

롯데 자이언츠

LOTTE GIANTS

http://www.giantsclub.com/

■球団事務所
〒47874 釜山広域市東莱区社稷路45
総合運動場内　TEL／051-590-9000

■本拠地球場／プサン サジク球場

■準本拠地／ウルサン（蔚山）ムンス（文殊）野球場

■二軍球場／サンドン（上東)野球場

■2016年春季キャンプ地
1次 米国アリゾナ州 ピオリア
2次 鹿児島県鹿児島市 鴨池野球場

■オーナー／シン ドンビン
球団社長／イ チャンウォン
球団団長／イ ユンウォン

■球団小史
韓国では製菓以外にも流通、建設など幅広く手がける財閥・ロッテが親会社。野球ファンが多い地・プサンを本拠地とし、サムソン同様、プロ野球発足時から球団名と本拠地を変えていない。2000年代には４年連続最下位になるなど人気、実力共に低迷したが、2008年から５年連続ポストシーズンに進出。球界の盛り上がりを牽引した。しかし近年はチームの内紛問題によりファンの足が遠のいている。

■これまでに在籍した主なNPB経験者
- **徳山文宗**／クラウン–西武–ロッテオリオンズ–ロッテ(84～88)–テピョンヤン
- **金井正幸**／中日–ロッテオリオンズ–ロッテ(85～88)
- **金沢信彦**／近鉄–ロッテ(90～91)
- **光山英和**／近鉄–中日–巨人–千葉ロッテ–横浜–ロッテ(03)
- **ユウゴー**／千葉ロッテ–ロッテ(06)
- **イ デホ(李大浩)**／ロッテ(01～11)–オリックス–ソフトバンク

KIA タイガース

KIA 타이거즈

KIA TIGERS

http://www.tigers.co.kr/

■球団事務所
〒61255 光州広域市北区祥林路10　光州KIAチャンピオンズフィールド２階　TEL／070-7686-8000

■本拠地球場／クァンジュKIAチャンピオンズフィールド

■準本拠地／クンサン（群山）ウォルミョン（月明）競技場野球場

■二軍球場／ＫＩＡチャレンジャーズフィールド

■2016年春季キャンプ地
1次 米国 アリゾナ州スコッツデール ソルト・リバーフィールド
2次 沖縄県国頭郡 金武町ベースボールスタジアム他

■オーナー／チョン モング
球団社長／パク ハンウ
球団団長／ホ ヨンテク

■球団小史
前身は優勝９回を誇った名門球団・ヘテ。2001年シーズン途中から自動車会社・KIAを母体とする球団となり現在に至る。ヘテ時代からクァンジュを本拠地とし、数多くのスター選手を輩出してきた。クァンジュがあるチョルラ（全羅）道は、地元意識が強い土地柄ゆえ、遠征地でも同地域出身者の熱い声援を受けている。2014年に新球場が完成。収容人員増加により観客数も増えている。

■これまでに在籍した主なNPB経験者
- **木本茂美**／広島–ヘテ(83～88)
- **宇田東植**／東映–日拓–日本ハム–阪神–ヘテ(83～84)
- **ソン ドンヨル(宣銅烈)**／ヘテ(85～95)–中日–サムソンコーチ、監督–KIA監督(12～14)
- **イ ジョンボム(李鍾範)**／ヘテ(93～97)–中日–KIA(01～11)–ハンファコーチ
- **セス・グライシンガー**／KIA(05～06)–ヤクルト–巨人–千葉ロッテ
- **リック・ガトームソン**／ヤクルト–ソフトバンク–KIA(09)
- **スコット・シーボル**／KIA(06)-広島
- **アンソニー・レルー**／ソフトバンク–KIA(12～13)

kt ウィズ

kt 위즈

KT WIZ

http://ktwiz.co.kr/

■球団事務所
〒16308 京畿道水原市長安区京水大路893
スウォンktウィズパーク内　TEL／1899-5916

■本拠地球場／スウォンktウィズパーク

■二軍球場／イクサン（益山）野球場

■2016年春季キャンプ地
1次 米国 アリゾナ州ツーソン キノ・スポーツコンプレックス
2次 米国 カリフォルニア州サンバーナーディーノ サン・マニュエル・スタジアム

■オーナー／ファン チャンギュ
球団社長／キム ジュンギョ
球団団長／キム ジンフン

■球団小史
2012年12月に同じく球界参入に名乗りを上げた、住宅建設企業のプヨン（富栄）グループとの審議の結果、ＫＢＯ加盟が決まった。通信事業者最大手のＫＴを親会社とする。2014年から二軍に加わり、2015年シーズンから一軍入りした韓国10番目の球団だ。

本拠地は2000～07年までヒョンデユニコーンズ（消滅）のホームだったスウォン。当時、ヒョンデはスウォンをソウル移転への前提とした仮住まいとしていたため、地元に根付くことができなかったが、kt は地域の球団誘致に応える形となり、球場改修費用の負担など、地元自治体から強力なバックアップを受けている。

LG ツインズ

LG 트윈스

LG TWINS

http://www.lgtwins.com/

■球団事務所
〒05500 ソウル特別市松坡区オリンピック路25 蚕室野球場内　TEL／1544-4961

■本拠地球場／チャムシル総合運動場

■二軍球場／ＬＧチャンピオンズパーク

■2016年春季キャンプ地
1次 米国アリゾナ州 グレンデール
2次 沖縄県うるま市 石川野球場

■オーナー／ク ボンジュン
球団社長／シン ムンボム
球団団長／ペク スンギル

■球団小史
前身は放送局が親会社のＭＢＣ。1990年より電子、化学などを中心とするLG財閥の球団となった。愛称のツインズはソウル・ヨイド(汝矣島)にある、ＬＧ本社ビルのツインタワーによる。ＭＢＣ当時からソウルを本拠地としており、チャムシル球場をトゥサンと共同使用している。1990年から中日と提携関係を結んでいて、キャンプへの派遣参加などの交流がある。

■これまでに在籍した主なＮＰＢ経験者
- **ペク インチョン(白仁天)**／東映–日拓–日本ハム–太平洋–ロッテオリオンズ–近鉄–MBC（82～83）–サムミ
- **イ サンフン(サムソン・リー)**／LG（93～97）-中日-LG（02）–SK-トゥサンコーチ–LGコーチ（16）
- **イ ビョンギュ #9 (李炳圭)**／LG（97～06）–中日–LG（10～）
- **クリス・オクスプリング**／阪神–LG（07～09）–ロッテ–kt
- **ロベルト・ペタジーニ**／ヤクルト–巨人–LG（08～09）–ソフトバンク
- **岡本真或**／中日–西武–LG（10）–楽天

おわりに

「室井さんは人が好きでしょ」

SK、サムソンで計5年間、コーチとして韓国で活動した芹澤裕二さんにある日突然そう言われました。

確かにそうかもしれません。素敵な人に出会った時に「この人にもっと光を当てたい」、「輝いている人ももっと輝かせたい」。そういった気持ちが行動の原動力になっています。出会った人のことを好きにならなければ、そんな感情は芽生えないのでしょう。

日本人でありながら韓国の野球現場でなに不自由なく取材できること、韓国の新聞でコラムを書き続けられること、その成果を日本で発表できること。それらは数多くの人との出会いなくしては起こりえないことでした。

コラム執筆の機会をくれたスポーツ朝鮮のミン・チャンギ記者、書籍発行を提案してくれた論創社の森下雄二郎さんをはじめ、出会った人々すべてに感謝の気持ちを伝えたいと思います。

감《カム》사《サ》합《ハム》니《ニ》다《ダ》・

室井 昌也

室井 昌也
（むろい・まさや）

1972年東京生まれ、日本大学芸術学部演劇学科中退。

2002年から韓国プロ野球の取材を行う「韓国プロ野球の伝え手」。編著書「韓国プロ野球観戦ガイド＆選手名鑑」（小学館スクウェア、論創社）を2004年から毎年発行し、取材成果や韓国球界とのつながりは日本の放送局などのメディアやNPB各球団でも反映されている。韓国では現地スポーツ紙「スポーツ朝鮮」で韓国語のコラムを2006年から連載している。2016年7月からは日本初の韓国プロ野球情報を伝えるラジオコーナー「室井昌也の韓国野球を観に行こう！」（ラジオ日本）がスタートした。有限会社ストライク・ゾーン取締役社長。

http://www.strike-zone.jp/

野球愛は日韓をつなぐ
日本人が韓国紙に書いた取材コラム

2016年11月30日　初版第一刷印刷
2016年12月10日　初版第一刷発行

編著者：室井昌也

発行所：論創社
東京都千代田区神田神保町2-23 北井ビル
TEL 03-3264-5254
http://www.ronso.co.jp/

装丁・デザイン：田中宏幸（田中図案室）
印刷・製本：中央精版印刷

落丁・乱丁本はお取り替え致します。

©Masaya Muroi 2016
Printed in Japan　ISBN 978-4-8460-1583-1

本書の一部あるいは全部を無断で複写（コピー）・複製・転載することは、法律で認められた場合を除き、著作者および出版者の権利の侵害となります。あらかじめ承諾を求めてください。

室井 昌也 編著
定価：本体1550円＋税